SALON DE 1868

ÉTUDES ARTISTIQUES

PAR

FIRMIN BOISSIN

PARIS

C. DOUNIOL, LIBRAIRE-ÉDITEUR

RUE DE TOURNON, 29

ÉTUDES ARTISTIQUES

Paris. — Typ. PILLET fils aîné, 5, rue des Grands-Augustins

SALON DE 1868

ÉTUDES ARTISTIQUES

PAR

FIRMIN BOISSIN

PARIS
DOUNIOL, LIBRAIRE-ÉDITEUR
RUE DE TOURNON, 29

1868

ÉTUDES ARTISTIQUES

I

Il y a des gens qui ne voient dans l'Art qu'un jeu de l'esprit, sans autre but que la distraction de l'intelligence, sans autre base que l'imitation servile. Théorie manifestement fausse qui rapetisse le génie et lui coupe les ailes. Inutile de la discuter. Elle ne recrute d'ailleurs ses soldats que parmi les imaginations torpides et les caractères dépourvus d'originalité. Si du moins ils apercevaient le symbole derrière les belles productions qui nous restent de l'antiquité. Non. Le symbole leur échappe. Ils ne saisissent que l'apparence extérieure, la ligne correcte, l'expression graphique. Amis de la routine et du convenu, ils ont en horreur tout ce qui porte l'empreinte d'une inspiration puissante. L'ennui suinte de leurs œuvres. Ossificateurs de la spontanéité libre, ils en sont encore à la reproduction banale des formes matérielles. Là n'est pas l'avenir. Laissons les morts enterrer les morts.

Pour l'âme d'élite qui considère le génie comme un agent divin destiné à faire marcher l'humanité dans une voie d'améliorations incessantes et progressives, l'Art ne se borne point à la désespérante et infertile mission d'amuser les multitudes.

Physionomie suprême d'une époque, expression plastique d'une société, écho tout-puissant des enthousiasmes populaires, il doit se faire le grand éducateur de l'âme humaine et embrasser toutes les faces de l'activité intellectuelle. A lui d'opérer l'initiation morale, la transfiguration spirituelle et le perfectionnement physique de l'homme; à lui, selon le beau mot de Proudhon (1), d'envelopper l'humanité comme d'un manteau de gloire.

Il est la voix et le cœur même du peuple; il aime et croit, il espère et il console. C'est la vie qui s'adresse à la vie; c'est un enseignement et un aiguillon, l'épanouissement de l'amour, le reflet de la foi, la chaîne d'or qui nous rattache au monde invisible,

---

(1) Proudhon. *Principes de l'art*, Paris, in-12, 1865.

la cheville ouvrière des grandes passions, le germe des nobles élans, l'expansion virginale de toutes les aspirations civilisatrices.

Au fond, l'Art humain, voilà le seul Art vrai, durable, mouvementé, capable d'émouvoir et d'instruire. Je ne parle point ici de cet Art grossièrement réaliste qui, sans mission comme sans passion généreuse, copie systématiquement les laideurs individuelles. J'entends, au contraire, cet Art vivant et toujours jeune qui n'est pas la caricature de la personne humaine, mais son expression, et qui sait unir l'idéal au réel, comme la ligne de l'horizon dans le lointain des mers rejoint la terre avec le ciel (1). Celui-là, explosion simple de la Vérité, sanctifie l'esprit, améliore le cœur et illumine l'intelligence. Il est puissant, il est fécond, sans cesser d'être varié, parce qu'il s'abreuve constamment à ces trois sources vives de l'esthétique : l'idée de Dieu, l'amour de la Nature et l'étude de l'Homme.

Examinons, à la lumière de ces principes, si l'Art contemporain réalise les conditions qui, seules, peuvent lui assurer, avec l'immortalité, la reconnaissance des générations futures.

---

(1) M. Philarète Chasles. *Cours de littérature comparée.* Paris, 1864.

II

Une vue d'ensemble jetée sur le Salon de cette année nous prouvera que l'on ne se sépare pas en vain, même en esthétique, du foyer central. Il y a, dans le nombre des œuvres exposées, de beaux morceaux, assurément, des tableaux de mérite qui offrent presque tous de l'intérêt et du savoir-faire; quelques toiles témoignent même d'une puissance réelle; la moyenne est très-bonne. Mais, à une douzaine d'exceptions près, on cherche inutilement parmi cette abondance de créations faciles le sentiment du grand Art. Les compositions vraies brillent par leur absence. La nécessité de produire vite a amené le relâchement de la touche. L'accent et le souffle manquent. Le coin, le détail, le coup de pinceau, la force du rendu ou de l'exécution, la pâte, le métier en un mot, voilà ce qui préoccupe. Ce sont là de précieuses qualités, je ne le nie pas; mais à quoi tendent-elles? A faire de nos expositions annuelles des espèces de macédoines indigestes, uniquement composées de paysages, de portraits et de tableaux microscopiques.

La peinture religieuse, tenue par état plus que tout autre genre, à conserver la divine étincelle des conceptions grandioses, puisqu'elle a spécialement pour mission de dramatiser le Bien, d'idéaliser le Beau et de rehausser le Vrai par le sentiment et le style, la peinture religieuse n'offre cette année, en dehors de quelques toiles que nous signalerons, rien de supérieur qui s'impose à notre admiration. Elle est remplie, comme toujours, de bonnes intentions. Mais, en fait d'Art, la bonne intention ne suffit pas. Il faut sentir profondément la vie. Il faut de la passion, du mouvement, le sens du surnaturel dans ses rapports avec les harmonies générales de la nature, enfin ce coup d'ongle du génie qui marque ineffaçablement une œuvre. Sinon, je vous dirai avec Boileau :

« Soyez plutôt maçon... »

Ceci ne s'applique nullement à M. Bin. Dans sa *Naissance d'Eve*, il a lutté non sans mérite contre le souvenir de la célèbre fresque de Michel-Ange C'est un peintre de race qui ne sacrifie rien à ce tyran qu'on appelle la foule. Son dessin est ferme; mais il n'a ni cette grandeur dans la force, ni cet idéal dans la puissance qui préserve du grotesque. De la *Naissance d'Eve*, on ne peut guère louer que l'intention. La compagne d'Adam fut créée femme faite, dans tout le rayonnement de sa majestueuse beauté.

M. Bin nous montre une Eve aux bras fluets, aux jambes grêles, émaciée, disgracieuse, sous l'insignifiante apparence des premières éclosions de la puberté. Jéhovah, Dieu le Père, la touche gauchement au front pour lui communiquer la flamme lumineuse de la Raison. Eve, loin d'exprimer à ce divin attouchement les suaves étonnements de l'adoration, écarquille les yeux comme une pauvre idiote de village. Ah! ce n'est pas ainsi que fut initiée aux mystères de l'existence la mère des hommes. A défaut de la Genèse et des Pères, M. Bin eût dû s'inspirer au moins de la *Légende des siècles*. Malgré ses tendances au panthéisme, le poète est ici bien supérieur au peintre. Ecoutez comme Victor Hugo parle du chef-d'œuvre de la création :

Chair de la femme! Argile idéale! ô merveille!
O pénétration sublime de l'Esprit
Dans le limon que l'Etre ineffable pétrit!
Matière où l'âme brille à travers son suaire!
Boue où l'on voit les doigts du divin statuaire!

Le sommeil d'Adam n'est pas mieux rendu. Ce premier sommeil tenait de l'extase. L'extase est un sommeil sublime. Or Adam, dont la carnation, pour le dire en passant, tourne trop au bronze, est étendu dans une pose de tortionnaire. Est-ce bien là le repos génésiaque de l'homme au Paradis terrestre? M. Bin ignore-t-il qu'avant la faute originelle, l'homme, dans la splendeur fulgurante de ses énergies primitives, était la Lettre Majuscule de la création?

Nous trouvons cette même ignorance des traditions bibliques dans le *Péché originel*, de M. Auguste Hesse. Adam, un Adam naïf, est accroupi contre l'arbre de la Science du Bien et du Mal. Eve, malicieuse et passablement sournoise, obéit au tentateur avec un air mutin qui est loin d'être chaste. La vérité n'a rien à voir dans ces fantaisies. C'est le Péché originel d'après Béverland; ce n'est pas celui de la Genèse. Et voilà le mal! car l'œuvre de M. Hesse est supérieure comme exécution. Les jambes d'Eve surtout, la meilleure partie du tableau, sont dessinées avec une fermeté de touche et une grâce lumineuse qui rappellent le Corrège.

La Bible a mieux inspiré M. Hirsch. Son *Caïn* est d'un effet saisissant. C'est bien là le sombre fratricide que poursuit le Remords. Il s'en va, couvert de peaux de bêtes, une bêche à la main, avec sa femme et ses enfants, dans les silencieuses solitudes, croyant éviter cet œil terrible qui le regarde toujours et le fait frissonner jusqu'aux moëlles. Bonne composition, aussi puissante comme idée, mais moins expressive et moins bien rendue comme forme que le *Job* de M. Heilbuth, œuvre bizarre qui fait songer aux tableaux de Black-le-Visionnaire.

Le grand Eprouvé de la terre de Hus est assis sur son fumier, contre le pan de mur qui reste encore de sa maison devenue la proie des flammes. Hâve, nu, décharné, il écoute avec une résignation, qui n'est pas sans intelligence, les doléances hypocrites de ses trois amis, dont l'attitude méprisante insulte à son malheur. L'un d'eux, surtout, droit et roide, les mains croisées derrière le dos, tenant en laisse un chien hargneux, nous apparaît comme l'incarnation du dédain, cette glace du cœur. Ajoutez à la scène la désolation orientale du paysage et vous aurez une idée de ce que peut faire un artiste habile doublé d'un penseur. C'est du bon réalisme; et, quand il est vrai, le réalisme ne nous déplaît point. Il ne devient agaçant que lorsqu'il passe, comme chez M. Manet, dont la *Jeune Femme* est une véritable peinture d'enseigne, à l'état de système. Rien de plus difficile, d'ailleurs, à un puissant esprit de ne pas outrer les choses. Pour quelle raison, par exemple, M. Heilbuth, qui, par certains côtés, se rapproche de la moderne école, a-t-il (c'est peut-être le seul défaut de son œuvre) coiffé Job d'un de ces bonnets pointus en serge brune, qui donne au patriarche iduméen l'air d'un paysan des Cévennes? Je me le demande. Je me demande également pourquoi M. Deportes nous a représenté *Samson prisonnier des*

Philistins, sous les traits vulgaires d'un Arpin de carrefour. La volupté avait affaibli les forces de l'hercule hébreu, soit; mais, en lui coupant la chevelure, le ciseau de Dalila n'avait pas, du jour au lendemain, fait disparaître la puissante musculature du géant. Nous ne dénions pas à l'artiste les droits de la fantaisie, à la condition, toutefois, qu'ils ne seront pas préjudiciables aux droits de la vérité.

Un mot sur les *Prophètes* de M. Doze. On voit qu'il respire à l'aise dans la peinture métaphysique. Il lui manque (et ce n'est pas peu dire) le sens des attitudes. David, figure du Christ, occupe le milieu du groupe, et pas un des Voyants de l'ancienne Loi ne converge vers cette symbolique physionomie. Tous ces Prophètes sont trop calmes dans leur pose. Aucun d'eux n'a rien de bien caractéristique. Isaïe, Ezéchiel et Jérémie se ressemblent à s'y méprendre. Rien ne les différencie que la couleur de leurs tuniques. Ce n'est pas assez. Ces inspirés sublimes ont été, pour parler comme l'évêque de Tulle, les Mères du Verbe ; et chacun a reproduit le type de ses visions avec les audaces de son tempérament et la hardiesse de ses habitudes intellectuelles. Il eût fallu l'indiquer. Il eût fallu montrer comment ces organisations prophétiques ont concouru à la réalisation des promesses divines. On n'aperçoit même pas en eux la flamme intérieure qui brûle les Voyants. Le dessin est net, les lignes sont correctes, voilà tout. Autrefois, Paul Delaroche, dans son Hémicycle de l'Ecole des Beaux-Arts, s'était appliqué à chercher des oppositions de couleur, et son travail se sauvait par le grandiose et la majesté de l'ensemble. Nous regrettons de ne pas trouver le même mérite dans les *Prophètes* de M. Doze. Voici, au contraire, deux autres œuvres purement décoratives, la *Première thèse de saint Thomas d'Aquin* de M. Omer-Charlet, et la *Notre-Dame* de M. Alexandre Grellet (en religion frère Athanase), dont l'imposante conception est digne de tous nos éloges et dont le rendu technique nous oblige à des restrictions. Il y a, dans ces deux œuvres, une grande pureté de lignes, beaucoup d'exactitude, une louable précision graphique. Mais est-ce bien là de la peinture? Flandrin, votre maître, dans ses admirables Théories chrétiennes, a su parfaitement combiner la ligne et la couleur. Pourquoi ne pas suivre un si brillant exemple? Le mysticisme n'est pas la mort, croyez-le bien! C'est la porte de l'infini qui inonde les âmes de vérité et pénètre les corps de lumière.

Sans vouloir décourager personne, la vérité nous force pareillement à dire que M. François Grellet exagère encore, par l'absence de vie et l'ignorance de l'expression, les graves défauts de son frère, dont il a, du reste, la noblesse et la netteté de facture.

Sa *Résurrection du fils de la veuve de Naïm* ne donne pas la moindre idée de ce qu'il dut y avoir de dramatique dans cette scène de l'Evangile. C'est un mort que l'on porte académiquement en terre. Le Christ rencontre le convoi et rend le défunt à la vie, sans qu'il y paraisse. Personne ne bouge dans cette foule, personne n'est ému devant ce miracle, pas même les femmes. Tout cet ensemble est vulgairement terne : la ligne léthifère du géomètre, quand il eût fallu la couleur tourmentée du poète. De là, manque de puissance, roideur académique, composition morne, effacée, qui ne dit rien à l'âme.

La vulgarité, mais avec un plus grand effet dramatique et une réalité plus captivante, est aussi le défaut qui prédomine dans la *Résurrection de Lazare* de M. Marquis. Le mieux réussi des tableaux de ce genre serait la *Résurrection de la fille de Jaïre*, de Mlle Unternharer. L'idée qui s'en dégage a de la profondeur. La pose de la Ressuscitée est vraiment belle. Deux choses néanmoins trahissent dans ce tableau la main inexpérimentée : la pose trop puritaine du Sauveur et le geste de Jaïre qui trébuche, paraît-il, en se précipitant vers sa fille.

Il faut bien l'avouer : les sujets évangéliques (et ils sont nombreux au Salon de cette année) se distinguent généralement par leur médiocrité. Comment louer, j'en appelle au critique le moins sévère, cette *Mater dolorosa* de M. Vély qui a l'air, passez-moi l'expression et que la Vierge me la pardonne, d'une vieille sorcière tâtant le pouls à un malade? Que dire de la *Sainte Famille* de M. Senties où Marie apparaît avec les traits d'une virago? M. Verlat a traité le même sujet; mais il a été beaucoup mieux inspiré. Sa Vierge est d'un maître. Que n'a-t-il suivi jusqu'au bout les bonnes traditions et représenté Jésus enfant avec des yeux d'homme. Simple détail dont la profondeur symbolique faisait autrefois rêver Lamennais, dans sa Révolte solitaire! La *Sainte Famille* de M. Louis Janmot offre aussi de grandes beautés, à côté d'immenses défaillances d'exécution. D'une part, on s'extasie devant la tête préraphaélique de Marie: de l'autre, on recule, désappointé, devant l'Enfant-Jésus et saint Jean-Baptiste: deux *muchachos* à la peau bleuie par le froid, aux membres bouffis et couverts d'engelures. La *Piéta* de M. Guérin sort de l'ordinaire. Quelle différence pourtant avec la *Piéta* pathétique qui nous reste d'Eugène Delacroix!

La *Prescience de la Vierge* de M. Dubouchet procède d'une excellente idée. L'artiste nous représente Marie tenant son Fils entre ses bras et percée déjà du glaive de la douleur, à la vue prophétique des souffrances que l'avenir réserve au fruit béni de ses entrailles. Cette donnée touchante est gâtée par une bizarrerie. La Vierge a des cheveux crépus d'une crudité repoussante et sa figure est rien moins que belle. M. Albert Devriendt s'est également complu à enlaidir la mère du Rédempteur des hommes. Vous m'objecterez qu'il avait une excuse : c'est qu'il a traité la *Vieillesse de la Vierge*. Ce n'est pas une raison. Marie n'eut jamais cette vieillesse caduque et décrépite. Elle passa, selon la tradition, la fin de ses jours dans la contemplation des saints Mystères. Cela n'autorise pas à la représenter sur un lit, roide comme un pieu, ennuyée et ennuyeuse. M. Devriendt imite le faire de la vieille école flamande. Toutes ces imitations sont des pastiches. On dirait des placages de mosaïque. Cette école est morte. On ne pourrait la faire revivre qu'en la rajeunissant par l'étude des types actuels et en la transfigurant par les progrès qu'a faits depuis quatre siècles la compréhension de la Beauté. Elle manque du reste de simplicité. Or, la simplicité est l'Alpha et l'Oméga de l'Art. Cette simplicité, M. Lazerges l'a presque atteinte dans son *Christ au calice*. La tête est sublime de résignation et de vérité : à elle seule, elle rend ce tableau une des meilleures toiles de la peinture religieuse contemporaine.

Rien de saillant dans le *Christ en prière*, de M. Darjou, dans la *Vierge en Egypte*, de M. Chazal, dans la *Vierge au roseau*, de Mme Dallemagne, dans le *Jésus au jardin des Oliviers*, de M. Vion. Faisons une exception en faveur du *Christ apaisant la tempête* de M. Paul Nanteuil. Le geste du Sauveur est noble et calme; les éléments s'apaisent et obéissent devant cette majesté surnaturelle. La surprise et l'effroi luttent dans l'âme de Pierre. Ce sont les deux meilleures figures du tableau. Le reste prête beaucoup à la critique. Entassés dans la barque, les personnages se confondent. La barque elle-même est trop courte, trop ramassée. On dirait une coque de noix qui sombre sous le poids d'un mât de misaine.

Il y a du talent dans le *Christ et la Madeleine* de M. Bocklin. Mais on cherche en vain au fond de cette œuvre l'idée surnaturelle. C'est du mélodrame. Il faut deviner le Christ dans ce beau cadavre étendu sur un marbre qui ressemble trop à une table d'amphithéâtre. Celui-là qui prendrait la pécheresse repentante pour une veuve pleurant son mari serait parfaitement excusable. Les *Madeleines* d'ailleurs n'ont pas cette année porté bonheur à nos artistes. Celle de M. Alexandre Léon a la figure d'une gourgandine. Pourquoi se frappe-t-elle la poitrine avec un caillou? On voit bien que c'est pour rire, comme disent les enfants. La *Madeleine* de M. Cuny est encore plus désagréable. Qui donc a poussé M. Cuny à nous représenter Marie de Magdala sous les traits d'une grosse Flamande mal fagotée, et le Christ en jardinier avec un faux air de Jules Favre?

Passons outre. Je vous défie, malgré votre foi robuste, de trouver matière à édification dans le *Christ mort*, de M. Emile Chabod. La pose du cadavre n'est pas naturelle. Les muscles sont ceux d'un noyé qui se gonfle. Il faut laisser à la Morgue des anatomies de ce genre. Saint Jean, Joseph d'Arimathie, la Vierge, vous les prendriez pour trois mannequins parfaitement inutiles et profondément ridicules. Ce n'est pas ainsi que les vieux maîtres peignaient ce magnifique épisode de la descente de Croix. Le disciple bien-aimé, les cheveux flottants sur les épaules, regardait son maître avec un sentiment de profonde désolation. Les saintes femmes environnaient le Christ, pâles, immobiles et remplies d'un chagrin sans bornes. Marie, oubliant sa propre douleur, recevait son Fils sur ses genoux et cherchait à lui adoucir la souffrance, comme s'il vivait et souffrait encore. A ce propos, nous poserons une interrogation à M. Richomme. Son *Christ en croix* est loin d'être une œuvre médiocre. Mais quelle idée de faire constamment la solitude autour du divin Crucifié? Le Christ n'est jamais resté seul sur le Golgotha. A l'heure où ses disciples le reniaient, les femmes l'affirmaient. Elles assistèrent à son agonie et recueillirent son dernier souffle. « Quand Jésus-Christ fût mort, où était l'Eglise? » demandait un jour à Bossuet le ministre Claude. — « Elle était avec les Saintes Femmes qui pleuraient au pied de la croix. » Cette réponse de l'Evêque de Meaux est l'expression exacte de la tradition catholique. Nous donner un Christ en croix sans témoins de son supplice, c'est abstraire de l'humanité le Rédempteur du genre humain.

Pour être juste, signalons parmi les meilleures compositions religieuses de cette année, le *Martyre de saint Jean le précurseur*, de M. Glaïze, le *Saint Siméon stylite*, de M. Schutzenberger, le *Saint François d'Assise*, de M. Carolus Duran, et la *Prière du soir à bord du Solferino*, de M. Protais, œuvre de maître, d'un fini achevé, quoique d'un effet monotone, à l'instar d'une psalmodie monocorde.

De toutes ces toiles, à notre avis, la plus puissante est le *Saint Siméon Stylite*. On est ému, saisi. Cela vous empoigne. L'austère figure du Sisanite a je ne sais quoi de symboliquement grandiose dans son étrange mysticisme. Il est là, droit et fier, les mains dans l'attitude de la contemplation, les yeux pleins d'une fixité ardente, tournés vers je ne sais quel point de l'immensité céleste. Sa fantastique silhouette se détache entière et pleinement découpée dans le clair-obscur d'une atmosphère orientale. Le monde n'est plus rien pour ce singulier cénobite, qui a vécu trente-cinq ans immobile sur les colonnes d'un temple en ruines, dernier vestige d'une de ces Thèbes mystérieuses ensevelies par le temps dans la morne profondeur des sables. M. Schutzenberger a représenté le Stylite sur sa dernière colonne haute de trente-six coudées. Au milieu d'une île déserte, perdue dans le grand désert, on voit, dit une ancienne légende, éternellement debout contre un rocher Judas le Réprouvé. Le soleil darde à plomb sur son crâne chauve et fait bouillir sa cervelle. Un jour, un seul jour par semaine, le manteau que Judas donna dans sa vie à un pauvre, vient protéger et couvrir la tête du damné. Le Stylite n'a pas même cette consolation.

A chaque heure, à chaque minute, il souffre sur sa peau bronzée les ardeurs cuisantes des jours sans pluie et des soleils implacables. Que lui importe? Sacrifié volontaire, il a la nostalgie de la patrie absente, il aspire vers cette rive mystérieuse (*Ripæ ulterioris amore*) où soufflent les brises éternellement rafraîchissantes. Aussi, voyez comme il rayonne ce mendiant sous ses haillons cénobitiques! Comme il est beau dans son extase!

Nous souhaiterions un grain de cette beauté-là au *Saint François d'Assise* de M. Carolus Duran. Sous une voûte granitique des Apennins, l'homme de Dieu reçoit les stigmates de la Passion. Il nous apparaît de profil, sans noblesse, sans grandeur, la tête renversée sur la pierre, les mains dans une sorte de prostration rigide. Rien de l'extatique dans ce moine vulgaire. La tête est presque ignoble, les yeux sont blafards, atones. Or, le regard des extatiques est au contraire pénétrant, scrutateur. On croirait qu'ils lisent dans les choses. En cet état, l'âme est moralement absente du corps; mais elle pénètre toujours de sa lumière l'appareil organique. La souffrance d'ailleurs n'enlève pas la beauté. Si les accessoires du tableau de M. Duran rachètent cette absence de compréhension, que dire de l'attitude gourmée de saint François, lui, poète, artiste, réformateur, le plus libre et le plus passionné des saints, l'ennemi du convenu et de la formule, l'homme de la naïve allégresse et de la bonne nature? Quand donc nos artistes modernes cesseront-ils de croire que Sainteté est synonyme de Niaiserie? Vous figurez-vous Paul, le grand barbare, avec une tournure de cuistre, annonçant le Dieu inconnu aux vieillards de l'Aréopage? Comprenez-vous Thérèse de Jésus, sous les traits d'une cagote apathique? Elle, l'ardente carmélite, qui dans l'intensité de ses divines aspirations disait de Satan : « Le malheureux! il ne peut pas aimer! » Non, la sainteté ne détruit pas l'humanité. Non, les hommes parfaits que le christianisme propose à notre admiration ne sont ni des pleutres ni des imbéciles.

III.

Résumons donc en formules axiomatiques les conclusions de nos prémisses sur la peinture religieuse.

Qu'avons-nous le droit d'exiger de l'artiste qui consacre ses énergies à la préfiguration sensible des Beautés du Christianisme?

Trois choses essentielles :

Que, donnant par ses œuvres des ailes à notre âme, il l'élève jusqu'à la contemplation de l'Idéal suprême;

Qu'il ne rabaisse pas, dans la recherche des succès faciles et des combinaisons mercantiles, la dignité de nos croyances et la profondeur de nos mystères;

Qu'il n'aborde pas ces sujets grandioses s'il ne sent point fermenter en lui la foi suffisante, l'inspiration nécessaire, le génie indispensable pour représenter, dans une conception adéquate à leur sublimité, les admirables symboles de la vaste synthèse catholique.

Astreindre l'imagination à l'alimentation féconde des idées générales et ne gêner en rien le libre essor de l'originalité individuelle, tel est, qu'on ne s'y méprenne pas, le double but de notre critique. Aussi bien, pouvons-nous, en tenant compte des différences substantielles, faire logiquement usage d'une méthode analogue dans l'examen des tableaux qui se rattachent plus ou moins au genre historique.

L'Histoire a deux missions également providentielles. Messagère de la Vérité, elle reproduit, dans ses pages austères, tous les grands actes dont l'humanité s'honore; de sa voix impartiale, elle réhabilite, pour l'édification des générations futures, les dévoués du Bien, les martyrs du Vrai, les apôtres des idées utiles qui souffrent ici-bas persécution. Némésis vengeresse de toutes les iniquités sociales, elle tient en main la balance inflexible de la Justice, et cloue au pilori de la honte les malfaiteurs du genre humain, les oppresseurs des classes souffrantes, ceux qui se font un jeu de la vie de leurs semblables, ceux-là que le P. Gratry appelle, dans son énergique langage, « les hommes de joie et les hommes de proie. » Pour l'accomplissement de cette œuvre éminemment civilisatrice, l'Histoire n'a pas de meilleur auxiliaire que l'Art. L'Art est un verbe; il s'adresse aux multitudes. Les tableaux d'histoire sont des drames ou des épopées. Ils portent avec eux leur enseignement.

Avons-nous aujourd'hui de vrais tableaux d'histoire? Il faut bien le dire: les pinceaux épiques ne sont plus. Ingres, Vernet, Delaroche, Robert-Fleury, Flandrin, Ary-Scheffer, Delacroix lui-même, ont laissé des toiles merveilleuses, où les données historiques étaient scrupuleusement respectées et les types reproduits avec une vérité magistrale qui n'enlevait rien à l'effet dramatique. Aujourd'hui la spécialité nous dévore. Tous les genres sont du reste confondus, et il est bien difficile de grouper, dans un ordre rationnel, des œuvres qui ne se rattachent précisément à aucune synthèse. Une seule école prédomine dans la Babel artistique. C'est celle que Barbey d'Aurevilly a si bien nommé l'École-Trumeau (1). Nous avons les Capefigue du pinceau. Partant, à défaut du Poussin, contentons-nous de M. Cabanel.

---

(1) *Les Œuvres et les hommes au dix-neuvième siècle.* T. II, p. 11.

IV

Les tableaux de genre, à prétentions historiques, pullulent. Sur le nombre, il en est de bons, plusieurs de médiocres, beaucoup de pitoyables. On peut très-justement leur appliquer le vers de Martial :

Sunt bona, sunt quædam mediocria, sunt plura mala.

Parmi les œuvres de cette catégorie qui, à des titres divers, se recommandent à l'attention, citons, pour l'acquit de notre conscience et afin de n'y plus revenir : le *Socrate s'exerçant à la patience*, de M. Biennoury; le *Callimaque*, de M. Leyendecker; la *Sybille de Clèves haranguant les défenseurs de Wittemberg*, de M. Pille; les *Funérailles du roi Clotaire à Soissons*, de M. Van den Busche; la *Mort de Mahomet*, de M. Cormon; l'*Hombeline devant saint Bernard*, de M. Douillard; la *Mort du jeune Arthur de Bretagne*, de M. Cabasson; le *Nain de Charles-Quint*, de M. Manuel de Garay; la *Folie de Charles VI*, de M. Leygue; le *Montluc*, de M. Lassalle-Bordes; le *Bernard Palissy à la Bastille*, de M. Midy; le *Saint Louis lavant les pieds des pauvres*, de M. Emmanuel Massé; le *Washington*, de M. Brown; le *Bonaparte à Toulon*, de M. Leduc, et l'*Arrestation de Robespierre*, de M. Mouillard. Le reste ne sort pas de l'insignifiance. C'est faire trop d'honneur aux choses banales que de s'occuper d'elles. Au surplus, nous avons, cette année, quelques sujets d'histoire qui s'imposent forcément à la critique. Parlons-en tout à notre aise.

Nous retrouvons dans les *Esclaves romains*, de M. Schutzenberger, la même préoccupation de l'idée et (mérite rare aujourd'hui!) la même intelligence de l'unité de composition, que dans le *Saint Siméon Stylite*. Sur les bords de la mer Tyrrhénienne, aux ardeurs de la canicule, un groupe d'hommes courbés vers la glèbe, n'ayant pour vêtement qu'une braie de toile blanche qui recouvre à peine leur nudité, enfoncent péniblement le pic dans un sol durci par la sécheresse. Tout à côté, sur un cheval de trait, un pieu à la main, se tient l'affranchi, celui qui représente le maître. Physionomie dure et farouche, insolente et orgueilleuse : rien ne bat sous la mamelle gauche du parvenu. Armé de l'aiguillon, il mène ses hommes au travail, comme un bouvier stupide ses bœufs au labour. Parmi les esclaves, quelques types se détachent des autres. Exténué de fatigue, un veillard, un octogénaire, se redresse et, appuyé sur son outil, les yeux tournés vers

les montagnes, semble regretter quelque chose. Sa figure, intelligente et bonne, attire le respect. On voit bien qu'il n'est pas né dans l'esclavage. Peut-être est-ce le compagnon de Décébalus ou de quelque Vercingétorix du pays des Gaules? Pauvre vieux! La lassitude t'accable; tes membres n'ont plus de souplesse. N'importe! Pas de trêve, pas de relâche; courbe-toi : ainsi le veut le droit de la force. Entends-tu la voix inhumaine de l'affranchi qui te crie ce que le colon de Fontan disait à son nègre?
« — Travaille donc, esclave. — Je me re-
« pose un moment. — Travaille. — La
« chaleur du jour m'accablait; j'ai cru... »
Et, si tu n'étouffes pas tes douleurs dans le silence, ce soir l'affreux supplice de l'ergastule. Imite ton compagnon, ce jeune Éthiopien qui, tout en donnant le coup de bêche, regarde la mer, comme si ses vagues mystérieuses pouvaient lui rendre la liberté. Certes! la mort devait paraître une délivrance à ces parias d'une société basée sur le privilége, à ces misérables méprisés des philosophes qui ne daignaient pas même leur accorder le bénéfice d'une âme. Remarquez donc l'esclave du premier plan! Celui-là travaille avec une sombre énergie. Il y a en lui du Spartacus. Sa pioche est une arme qu'il tournera un jour contre ses maîtres dans une de ces terribles guerres sociales que Tite-Live appelle les guerres

inexpiables (*inexpiabile bellum*). Ce n'est pas tout : dans le lointain, la mer bleue, d'élégantes villas, la fraîcheur, les ombrages, la vie sybaritique. Le maître est là, sans doute, un aimable Epicurien, sablant le Falerne, parfumé d'ambre et couronné de roses. Il jouit de la vie et se raille de la mort, chantant des refrains moqueurs sur l'avenir de l'être :

Animula, vagula, blandula,
Hospes comesque corporis,
Quæ nunc abibis in loca,
Pallidula, rigida, nudula ;
Nec ut soles dabis jocos (1).

Quel contraste !... Ce tableau de M. Schutzenberger est un chaleureux plaidoyer anti-esclavagiste à ajouter aux éloquentes protestations des Wilberforce, des Cochin, des Schœlcher, des Laboulaye et des Montalembert, contre cette horrible plaie sociale qu'on nomme l'esclavage et qui tend, Dieu merci, à disparaître de la surface de la terre.

---

(1) Ces vers sont attribués à l'empereur Adrien. Fontenelle les a traduits en français d'une façon charmante :

Ma petite âme, ma mignonne,
Tu t'en vas donc, ma fille et Dieu sache où tu vas !
Tu pars, seulette et tremblottante, hélas !
Que deviendra ton humeur folichonne ?
Que deviendront tant de jolis ébats ?

Les *Esclaves jetés aux murènes* de M. Baader ne sont pas sans valeur. Mais, à notre avis, ils n'ont pas la même puissance de vérité. L'accentuation est un peu molle. Le dessin demanderait plus de coloration. Or, en certains cas, la chose n'est pas indifférente. Je dirais volontiers de la couleur ce qu'Alfred de Musset disait de la rime :

Ma foi! c'est un bon clou de plus à la pensée.

Le motif d'ailleurs n'est pas suffisamment indiqué. M. Baader a fait comme les mauvais logiciens qui passent à côté de la question et s'esquivent par la tangente. Il nous offre un vieux domestique dont le cadavre déjà roide flotte aux bords du vivier, et, sur le second plan, d'autres esclaves (agréable perspective!) attendant, pour mourir de la même mort, le bon plaisir de Vidius Pollion, un bel esprit de l'époque, ami d'Auguste et gentleman irréprochable. Nous eussions voulu, pour mieux inspirer la haine du bourreau, sa victime se tordant dans les affres du supplice. Voyez-vous d'ici un homme, pieds et poings liés, dans une mare d'eau, la tête seule libre, dépecé par des lamproies, lentement, molécule par molécule? Cela fait frémir. Et bénis soient les Huns et les Hérules qui firent place au Christ en délivrant le monde de ces pourritures!

Bonne page d'histoire romaine, mais passablement scabreuse, que la *Messaline* de M Hector Leroux. Nous ne pouvons louer de cette toile que l'effet de nuit, d'une réalité consciencieuse. L'idée morale qui s'en dégage peut être bonne ou mauvaise : cela dépend. Indiquons une antithèse frappante. Pendant que, sous les toits borgnes de Subura, ce quartier Bréda de l'époque, la femme de Claude, symbole odieux des dégradations du pouvoir, avilissait, par ses prostitutions publiques, la pourpre impériale, en Orient, non loin du Calvaire, dans une honnête et modeste maison de Jérusalem (selon Jean Damascène, Denys l'Aréopagite, et Méliton de Sardes), mourait riche de jours et de vertus, Marie, l'Immaculée mère du Verbe, type divin de la chasteté volontaire.

Ne quittons pas le monde romain sans mentionner l'*Aria et Pœtus* de M. Schopin, et la *Mort de Néron*, de M. Naulet : deux tableaux qui se distinguent par de véritables qualités techniques. M. Naulet a exposé aussi un *Saint Alpin devant Attila*. Petite toile, pleine de fougue, de mouvement et de verve. C'est trop mesquin toutefois. Le Fléau de Dieu ressemble à un baron du moyen âge qui va souffleter un évêque. Il eût dû apparaître sur sa cavale mongole, comme le génie de la destruction, couvert d'armes étincelantes, suivi d'oiseaux de proie aux noires envergures, entouré de ces guerriers sauvages qu'on disait issus de l'alliance des sorcières de l'Altai avec les esprits immondes. Au rapport de l'historien goth Jornandès, Attila était d'une laideur repoussante ; il avait le teint basané, peu de barbe, une tête monstrueuse, des joues déchiquetées, le nez écrasé des Kalmoucks, des yeux petits et ardents (*magis puncta quam lumina*) luisant d'un feu sombre. M. Naulet nous donne une manière de Richard Cœur-de-Lion, avec la moustache drue d'un carabinier de la garde. Nous approuvons l'idée du tableau : C'est la barbarie reculant devant le christianisme.

Voici mieux : le Christianisme pardonnant aux barbares et changeant les loups ravisseurs en agneaux paisibles. On se rappelle la touchante visite de Pie IX aux prisonniers garibaldiens, après la bataille de Mentana. L'Art, inspiré par la Foi, devait naturellement s'emparer de cet épisode. Effectivement, deux artistes de talent, MM. Lépaulle et Victor de Jonquières ont exposé le même motif : *Le Pape bénissant les garibaldiens dans une salle basse du château Saint-Ange.* Il y a un défaut grave dans l'œuvre de M. Lepaulle. Pie IX est prétentieux ; il manque de naturel, il pose. Lui, Italien jusqu'au bout des ongles, ne manifeste aucune émotion devant ces Italiens égarés qui se prosternent à son approche. Et ces figures de révoltés font l'effet de Saintes-Nitouches. Cela ne dépasse-t-il pas toute probabilité? Chose singulière, le mieux réussi de ces rebelles, c'est précisément celui qui ne fléchit pas le genou. L'artiste l'a placé derrière Pie IX. Sans cela, le Saint-Père pourrait dire à cette âme indomptée, ce que son prédécesseur, Pie VII, dit un jour à un jeune esprit-fort Parisien qui, lors des fêtes du couronnement de Napoléon Ier, refusait de s'incliner pour recevoir la bénédiction papale : « Courbez-vous, mon fils, la bénédiction d'un vieillard porte toujours bonheur! ».

M. Victor de Jonquières a su éviter l'écueil. Sa mise en scène est parfaitement comprise. Le Souverain-Pontife, vêtu d'un camail cramoisi sur sa soutane blanche, apparaît debout au milieu des garibaldiens dont les attitudes et les physionomies variées expriment l'attendrissement et le repentir. Pie IX est visiblement ému. Son cœur paternel n'a que des paroles de pardon pour ses ennemis vaincus. Rien de forcé, rien de convenu dans cette scène toute d'effusion. Techniquement d'ailleurs, indépendamment de la pensée dominante, l'agencement des lignes, la vérité des expressions, la conscience et l'étude des détails contribuent à faire de ce tableau une œuvre durable. On voit que l'auteur y a mis son temps et son âme. Or, le temps et l'âme ne sont-ce pas la matière et la vie des grandes choses?

Nous voilà naturellement en mesure de parler du tableau si discuté de M. Galimard. Le sujet est celui-ci : Couronnée de la triple tiare, tenant à la main la croix à trois anses, la Papauté, assise sur la chaire éternelle, bénit le monde. Elle est défendue par deux anges, dont l'un a pour attribut des fleurs de lis et l'autre une épée flamboyante. Nous eussions préféré le rameau d'olivier et l'urne des prières. Telle quelle, néanmoins, c'est une magnifique apothéose : œuvre de grand style et procédant de la bonne école. Son unique défaut est de tirer trop au jaune. Laissons l'abus des Rayons jaunes à Joseph Delorme et la jaunisse aux femmes incomprises. Mais pourquoi chicaner sur un rien? Mieux vaut louer l'idée inspiratrice : elle semble dire à ceux à qui la Papauté sert de cible quotidienne, que le Roc immobile sur lequel cette institution repose est fait du granit des siècles, et que la vigne de Naboth porte toujours malheur.

Puisque la métaphore biblique m'y amène, je me reprocherais de passer sous silence la *Jézabel*, de M. Toudouze. Composition un peu tourmentée, mais savante et d'une couleur vigoureuse. Jézabel est précipitée du haut des remparts de la ville dans une fosse où l'attendent, la gueule béante et sanglante, des dogues faméliques. Goethe croyait les chiens des incarnations du démon. Il est de fait qu'il y a quelque chose d'infernal dans ces molosses enragés qui, éperonnés par la vue de la proie qu'on leur jette, se dressent roides contre la muraille. La reine se cramponne désespérée à l'entablement du rempart. Les bourreaux implacables lui font lâcher prise. Elle est déjà lancée dans l'espace, et, bientôt de la fière souveraine il ne restera plus

> ... Qu'un horrible mélange
> D'os et de chairs meurtris et traînés dans la fange,
> Des lambeaux pleins de sang et des membres af-
> [freux
> Que des chiens dévorants se disputent entre eux.

De la *Jézabel* de M. Toudouze à la *Marie Stuart* de M. Kienlin, sous tous les rapports, la distance est grande. Ici, la couleur jure avec le sujet. La grande robe de Marie Stuart, en taffetas rouge, toute neuve comme si elle sortait de chez la modiste, produit un effet particulièrement désagréable. La reine d'Ecosse, vieillie à plaisir par je ne sais quel caprice de l'artiste, donne froidement son collier de perles à une de ses suivantes. Cela sent d'une lieue la tragédienne. Le visage de la condamnée n'a rien d'aristocratique ; ses yeux sont morts ; son attitude est celle d'une flegmatique. Détails contraires à la vérité. A l'instar de toutes les femmes fortement trempées qui ont bu jusqu'à la lie l'amer calice des souffrances morales, « les yeux de Marie Stuart, dit un chroniqueur du temps, voilés par ses longs cils, luisaient, la veille de sa mort, comme de la braise. On n'osait pas les regarder en face, quoique baissés, tant il leur restait encore de puissance. » Ce qu'il y a de vraiment beau dans l'œuvre de M. Kienlin, ce sont les deux femmes qui se détournent pour pleurer dans un coin de la salle.

Les annales d'Angleterre ont fourni à M. Markelbach le motif d'une concèption intéressante. C'est : *Cromwell au lit de mort de sa fille*. Par malheur, il faut être très-versé dans l'histoire du pays pour deviner l'énigme de cette production. Cromwell est assis, la main appuyée sur le lit de la moribonde. Il regarde sans voir. L'œil fixe s'ouvre dans le vague, le front se plisse ; les cheveux couvrent négligemment les tempes. Il y a bien dans cette physionomie quelques-uns des traits du farouche partisan de la Prédestination, de l'homme fataliste qui commençait une lettre à sa femme par ces mots désespérants : « Cher ange de ma vie, il fait sombre dans mon âme, et je sens que je suis damné. » Mais rien, dans le tableau de M. Kienlin, ne nous indique qu'en ce moment Cromwell subit les reproches de sa fille, lady Cleypole, parce qu'il n'a pas voulu faire grâce au révérend docteur Hewet impliqué dans une conspiration royaliste. L'œuvre de M. Kienlin pêche par l'absence de clarté, qualité indispensable dans les tableaux d'histoire. J'en dirai autant du *Baptême d'un roi des îles Canaries*, de M. Alexandre Leloir; de la *Procession en l'honneur du duc de Guise*, de M. Arnold Scheffer (imaginez-vous une scène des Flagellants du moyen âge ou des Secouristes de Saint-Médard à l'époque des convulsionnaires); du *Molière à Versailles*, de M. Picou et de l'*Arrestation de Charlotte Corday*, de M. Dehodencq, avec cette différence toutefois que ces dernières toiles sont de beaucoup supérieures à la première par le fini et l'habileté de l'exécution.

Arrêtons-nous un instant devant deux *Louis XVII dans la prison du Temple*, qui provoquent l'attendrissement de la foule. L'un surtout, celui de M. Beaume, navre le cœur. Etendu sur un méchant grabat, vêtu de l'habit des pauvres, les jambes à demi-couvertes de misérables chausses, le descendant de Louis XIV sommeille dans l'attitude souffreteuse de la douleur. La tête est un peu vulgaire, mais les détails sont vrais : la chaise de paille, la cruche en grès, le lit de sangle, jusqu'à cette petite souris qui grignote tranquillement les miettes de pain sec tombées de la table de l'Orphelin royal. Il est bien écrit quelque part dans les Saints Livres que les animaux sont les familiers de l'innocence.

Au genre historique appartiennent encore les *Jeunes captives de l'Herzégovine*, de M. Cermak, et la *Mort du maréchal Ney*, de M. Gérôme. Ce sont deux œuvres fort remarquées et dignes de l'être. M. Cermak a su tirer une excellent parti d'un sujet presque insignifiant en lui-même. On a beaucoup admiré ses deux Bachi-Bouzouks dont la physionomie caractéristique est frappante de naturel et de vérité. Mais la critique, selon nous, a passé trop vite devant la captive, drapée de noir. Ses compagnes sont la Résignation. Elle est la Douleur. Son œil profond entrevoit pour l'avenir les morbides abrutissements du sérail. Ainsi dut souffrir la Niobé antique.

De l'œuvre bizarre de M. Gérôme, nous ne dirons rien que tout le monde ne sache. Le procédé de cet artiste qui, paraît-il, ne s'attarde plus dans les sentiers obscènes (ce dont nous le félicitons sincèrement), n'est pas sans originalité. Une idée étant donnée, en tirer dans un cadre restreint le plus grand effet possible. Jamais cette tendance ne s'était si nettement accusée chez lui que dans la *Mort du maréchal Ney*. Rien ici n'est accessoire, ni ces cartouches qui fument encore sur le sol fangeux, ni ce réverbère qui perce à peine de sa lueur fumeuse les brumes d'un matin de décembre, ni ces inscriptions politiques sur le mur d'enceinte, ni ce chapeau à la Bolivar roulé par terre, ni ce gendarme qui se retourne pour regarder furtivement la victime, ni ce trou sanglant de la balle qui a percé le crâne du brave des braves, de Michel Ney, duc d'Elchingen, prince de la Moskowa. Tout concourt, de par la volonté de l'artiste, au dénouement prévu de ce récit littéraire d'un nouveau genre, pamphlet posthume du vigneron de la Chavonnière contre le gouvernement de la Restauration. Décidément M. Gérome, dont nous aurons du reste occasion de reparler dans notre étude sur les paysages, ambitionne le titre de Mérimée de la peinture. Ne lui marchandons pas cette fiche de consolation.

Il nous resterait à apprécier les tableaux militaires et les toiles officielles. A quoi bon ? Des chevaux éventrés, des cavaliers désarçonnés, des épées hors du fourreau, la fumée de la fusillade, du rouge et du bleu, du bleu et du rouge : cela ne varie guère. Que ce spectacle soit du goût d'un grognard des Invalides, d'un chauvin à tout rompre, de ceux même qui ont adopté les théories de Joseph de Maistre sur cet horrible fait qu'on appelle le droit de la guerre, je n'en disconviens pas. Mais laissez-moi vous dire qu'il faut y mettre de la bonne volonté pour trouver de l'art dans ces boucheries humaines, exécutées sur un moule toujours identique. Je préfère une bataille de fantaisie, comme la *Charge des lanciers polonais*, de M. Alfred Didier. Il y a au moins de la verve, du brio, de l'entrain, une grande entente du pittoresque. Trouvez-moi pareillement quelque chose de plus vigoureux et de plus saisissant que les *Sapeurs* de M. de Regamey? Voilà de la peinture épique. L'orage talonne l'escadron; les chevaux, en raccourci, pataugent dans les ornières; les cuirassiers se roidissent contre les époumonnements du vent d'ouest, qui s'engouffre dans les plis de leurs manteaux rouges. On dirait les stoïciens de la discipline.

Aimez-vous la muscade? on en a mis partout.

Premiers consuls par-ci, *Premiers consuls* par là, *Adieux de Fontainebleau*, *Retours de l'île d'Elbe*, c'est comme les moucherons; cela revient chaque année avec une persistance épidémique. Pourtant, que vous en semble? Le besoin ne s'en faisait pas précisément sentir. Y a-t-il aussi de quoi s'extasier devant ce *Couronnement du roi de Prusse*, qui ressemble à une immense tartine de crème fouettée... au chocolat? L'étiquette ici tue l'inspiration. Exemple : la suprême grandeur s'abaissant jusqu'à la suprême infortune, une impératrice se faisant sœur de charité, quoi de plus beau? Cela est admirable, savez-vous? Eh bien, dans les deux tableaux qui rappellent l'épisode d'Amiens, échec complet. On ne pouvait pas (permettez-moi l'expression) rater un sujet superbe d'une manière plus habile. Il ne faut point s'en étonner. En pareille matière, l'artiste est dans la gêne; vous lui ôtez sa liberté d'allures. La spontanéité ne s'accordera jamais avec la convention. Aussi ne me parlez pas des peintures officielles, des cantates officielles, des parades officielles, faites pour la plus grande gloire des maisons régnantes. Je comparerais ces choses aux rues proprettes, compassées et mornes de l'édile Haussmann. Rien qui énerve, à la fin, comme ce monotone chassé-croisé de lignes droites interminables. Véritablement, c'est à faire regretter le vieux Paris des truands et de la Cour des Miracles.

V

Connaissez-vous Gémiste Pléthon? C'est une des plus curieuses figures du quinzième siècle. Il assista au concile de Florence et se posa hardiment comme le restaurateur du polythéisme. Ami du cardinal Bessarion, de Marsile Ficin et de Cosme de Médicis, Gémiste avait pris son rôle au sérieux. Imbu des idées gnostiques, il commenta Homère par Platon, Platon par Proclus, Proclus par Zoroastre et Zoroastre par Hermès-Trismégiste. Sa tentative ne se borna pas à la simple spéculation. Le philosophe devint hiérophante et adora très-sincèrement les Energies célestes, les Puissances astrales et les Forces chthoniennes. Il récitait, soir et matin, les litanies des dieux de l'Olympe et faisait publiquement, avec une gravité toute sacerdotale, des libations hebdomadaires à Zeus-Roi, démiurge des démiurges, aux enfants de Zeus engendrés sans mère, a Pluton, maître et conducteur de notre âme immortelle, à Apollon, dieu de l'identité, à Dionysios, dieu du mouvement volontaire, à Athéné, déesse de l'impulsion, à Déméter, protectrice des plantes, aux Titans que Kronos commande, bref à toute la sequelle des personnifications mythologiques.

Pléthon mourut centenaire dans un vallon de l'Arcadie. Sa tentative n'eut pas de suites. Avec lui disparut le culte polythéiste (1). Il n'en fut pas ainsi du ferment païen, infusé à cette époque si improprement nommée la Renaissance, dans les moelles même de la société chrétienne. Ce

(1) On peut consulter sur cette question, avec les travaux de MM. Boivin, J.-H. Vincent, Castelnau, un manuscrit grec de la Bibliothèque impériale, ayant pour titre : Ἑωθινη ἐς θεοὺς Προσρησις, Πλήθωνος.

ferment dure encore. Il est plus vivace que jamais. L'art, la science, la philosophie, la jurisprudence, la politique et la morale en sont profondément imprégnées. C'est le plus puissant obstacle à l'épanouissement régulier du Catholicisme.

Quant à Zeus, démiurge des démiurges, il est mort, bien mort, tout comme le moineau de Lesbie. L'érudition grecque de M. Alfred Maury, les théories panthéistiques de M. Emile Lamé, les thèses païennes de M. Louis Ménard, pas plus que les hymnes magnifiquement harmonieuses de M. Leconte de l'Isle, ne parviendront point à replacer Jupin sur son escabeau de nuages.

Lugete, ô Veneres Cupidinesque
Et quantum est hominum venustiorum.

Il faut en faire son deuil. Les fleuves ne remontent pas vers leur source. Au surplus, quand la terre est remuée jusqu'en ses profondeurs, quand nous sommes à la veille d'une de ces crises suprêmes qui changent la face des mondes, il y a mieux à faire, vraiment — eût-on hérité de la syringe de Pan, de la flûte à sept trous — qu'à chanter les dieux immortels sur le mode achaïque. Et puis, entre nous soit dit, deux mille ans de christianisme ont passé sur ces aberrations, et ceux-là ne représentent pas le progrès qui font un si long recul en arrière.

M'est avis que les sujets mythologiques appartiennent donc, depuis longtemps, à la catégorie des fossiles. Par suite de quel aveuglement nos artistes s'obstinent-ils à exhumer chaque année les vieilles défroques de l'Olympe? Le simple bon sens ne les avertit-il pas intérieurement que la mythologie ne peut plus fournir à l'Art un aliment réel d'inspiration? Esthétiquement, une œuvre mythologique n'est admissible, que tout autant qu'il se dégage de son ensemble un enseignement allégorique ou un symbole.

Or, c'est précisément ce que n'a pas compris l'auteur de la *Naissance de Minerve*, M. Mazerolles. Les Grecs avaient fait de Vulcain la personnification du Travail. Ils lui avaient donné pour femme Vénus. La Beauté, récompense du Travail : ce n'était pas là une idée mauvaise. Le Travail, uni à la Beauté, épurait l'intelligence (Jupiter) et en tirait la Sagesse (Minerve) Tout le sens de la fable est là. Ce symbole, bien traité, eût pu enfanter un chef-d'œuvre. Et nous ne voyons qu'une immense toile décorative, sans vie et sans profondeur. Les personnages ont quelque chose de trop théâtral, de trop contraire à la sérénité olympienne. Jupiter est un type de vulgarité. Junon se drape à la manière d'Adrienne Lecouvreur. Vénus et l'Amour regardent, avec hébétude, l'opération anormale de Vulcain qui, de son marteau de cyclope, vient de fendre le crâne du maître des Dieux. Minerve, la nouvelle arrivée, ne manque pourtant pas d'harmonie dans l'ordonnance générale de sa pose. Elle plane, debout, couverte de l'égide, vêtue de la tunique talaire, la tête et le casque illuminés des splendeurs zodiacales. C'est la figure la mieux réussie. Malheureusement, ses armures lui donnent une certaine lourdeur. Son immobile visage est dénué d'expression. Elle a les traits insignifiants d'une matrone forte en chair. Sur ses bras sans muscles flottent des clairs de lune. Autre dut apparaître aux yeux de la Grèce en extase la Pallas-Athéné du Parthénon (1).

Même absence de compréhension dans le *Prométhée consolé par les Océanides* de M. Léonce Cordier. Le mythe prométhéen demandait une palette guidée par le souffle hiératique du vieil Eschyle. Eschyle, le seul poète grec dans les œuvres duquel se retrouve l'écho des initiations primitives, nous représente Prométhée, le divin Statuaire, gardant en face de la Force matérielle les superbes attitudes de l'Intelligence, indomp-

---

(1) Voy. dans Pausanias (Attique, chap. XXIV. Traduction Clavier) la description de l'œuvre grandiose de Phidias.

tée, invaincue, toujours libre. Les filles de l'Océan, dans des poses affectueuses et désolées, consolent le Titan sur son roc solitaire. Au lieu de suivre religieusement les données allégoriques d'Eschyle, M. Cordier imagine gratuitement une sorte de démoniaque entouré de cinq ou six curieuses qu'on dirait enchaînées avec le patient sur les granits d'une montagne quelconque. C'était vraiment bien la peine.

Il y a deux choses à considérer dans les *Centaures* de M. Fromentin : l'idée morale et l'exécution matérielle. L'exécution matérielle ne laisse rien à désirer. Le paysage surtout est bien rendu. L'allure générale plaît. J'ai entendu, néanmoins, des visiteurs dire devant cette peinture raffinée : C'est du Delacroix quintessencié. Ce jugement, selon nous, s'appliquerait mieux à la seconde toile de M. Fromentin, aux *Arabes attaqués par une lionne*. La touche des *Centaures* est plus sobre, plus ferme. Pourquoi faut-il que l'auteur ait donné à ses monstres les allures efféminées de nos gentlemen-riders et à ses centauresses des physionomies de vieilles lorettes, avachies par la luxure ? C'est encore pécher contre la tradition. Deux poètes en prose, Alphonse Rabbe et Maurice de Guérin, se sont bien gardés de commettre pareille bévue. Il faut lire leurs peintures (*ut pictura poesis*) de l'homme-cheval à qui Neptune a donné, disent-ils, la rapidité de l'aquilon et la force majestueuse de l'orage.

L'idée morale du tableau de M. Fromentin, je ne puis la saisir.. Des centaures, chassant aux milans ou aigles, des centauresses, nonchalamment accroupies sur le gazon, je ne vois là qu'un caprice du peintre, pas autre chose. A moins que M. Fromentin n'ait voulu fournir aux philosophes l'idée de remplacer la théorie de l'homme-singe par la théorie de l'homme-cheval. M. Fromentin est bien plus puissant, bien plus mouvementé, et bien plus artiste dans ses scènes de la vie arabe et ses descriptions de la nature orientale. Qu'il y revienne et laisse les centaures et les lapithes à feu Baour-Lormian!

Si j'avais l'érudition de Kreutzer ou d'Emeric-David, je pourrais vous dire sous quelle forme (masculine ou féminine) les anciens ont préfiguré la passion du Jeu. M. Puvis de Chavannes en fait une déesse. C'est son droit. Sur un socle de marbre à frise corinthienne, une femme nue, à la peau crispée, livide, exsangue et blême, laisse tomber de sa main droite entr'ouverte des flots de pièces d'or. La main gauche mime la malechance. Un sourire équivoque contracte les lèvres de cette divinité fatale. Ses yeux, exténués par les veilles, ont le regard divergent comme les yeux louches du sphynx. Un nimbe cabalistique entoure son front sillonné d'inquiétudes.

Des carreaux et des piques, des cœurs et des trèfles hérissent son diadème. Derrière elle, la roue capricieuse de la Fortune. A ses pieds, le souci, la stramoine, le nénuphar, fleurs léthifères qui recèlent du poison dans leurs plis lugubres. L'idée symbolique de l'œuvre est donc parfaitement déterminée. Sous ce rapport, l'œuvre a de la puissance et de la profondeur. Tout serait pour le mieux si la toile ne ressemblait pas à un rouleau déployé de tapisserie. Le sens décoratif et ornemental n'exige pas, que je sache, l'affectation de la froideur et le dédain des formes vivantes. Imaginez-vous le même motif sous le pinceau d'un Titien ou d'un Paul Véronèse?

On nous reprochera peut-être de ne mentionner que pour mémoire la *Marche des saisons*, de M. Smits; l'*Art céramique*, de M. Bouvier; l'*Hermaphrodite*, de M. Pierre Cot; la *Psyché*, de M. David (1);

(1) Depuis Apulée de Madaure, l'art moderne s'est complu à voir dans les amours d'Eros et de Psyché un thème à descriptions licencieuses et sensuelles. Rien de plus contraire à la vérité. La théorie d'Apulée est démentie par tous les monuments qui nous restent de l'antiquité. Aucun d'eux ne reproduit les scènes scandaleuses de l'*Ane d'or*. Preuve évidente qu'elles étaient inconnues avant le rhéteur africain L'union mystique des deux amants célestes était, chez les Grecs, l'image de la félicité bienheureuse, le symbole de l'immor-

l'*Hébé*, de M. Morel; l'*Incertitude de Pandore*, de M. Bauderon; la *Diane après le bain*, de M. Devedeux; l'*Adonis mourant*, de M. Fouque; la *Dryade*, de M. Ranvier; la *Médée*, de M. Klagmann, et la *Terpsychore*, de M. Bénédict Masson. Mais nous n'aimons pas le réchauffé, nous fût-il servi par Carême et d'après les préceptes de Brillat-Savarin. D'ailleurs, il ne faut pas le

talité de l'âme. L'âme (ψυχη), toujours représentée sous la forme d'un papillon, ne pouvait, selon la doctrine ésotérique des Pélasges, goûter un bonheur véritable que tout autant qu'elle retournait à son principe et à sa fin, à l'Amour, le Dieu suprême. M. Victor de Laprade ne s'est pas mépris sur cette gracieuse et pudique allégorie. Il a vu qu'il y avait là, non une fable, encore moins une plaisanterie, mais bien quelque consolante vérité, voisine de l'âge sacerdotal, digne d'avoir passé sur les lèvres de Platon. En faisant d'Eros le Christ et de Psyché l'âme fidèle qui s'unit à son Dieu dans l'Eucharistie, le grand tragique de l'Espagne, Calderon, s'est également beaucoup rapproché de la vérité Le groupe antique d'Eros et de Psyché symbolise l'union parfaite de l'âme et de Dieu, au ciel, dans les harmonies célestes de l'amour et de la mort, après la transformation de l'immortelle chrysalide. Il serait bien temps que l'esthétique étudiât un peu plus sérieusement le symbolisme. Elle y puiserait de grandes lumières. En attendant, nous signalerons aux artistes sérieux le beau travail dans lequel l'abbé F. Pron examine le mythe de Psyché dans ses rapports avec la religion, la nature, l'art, l'histoire et la tradition. (F. Pron. *Psyché*. Bourg-en-Bresse, in-18. Deuxième édition, 1866.)

dissimuler, — sans faire aucune allusion personnelle, — la plupart des sujets mythologiques qui émaillent annuellement nos Expositions, sont presque toujours des canevas hypocrites où l'art, dépourvu d'idéal, brode des équivoques.

Ce serait peut-être ici le cas d'aborder la question du nu en esthétique. Nous préférons traiter une si délicate matière dans notre appréciation des ouvrages de sculpture. Cette année, plus encore que les années précédentes, les nudités caractérisent cette section des arts plastiques. Toutes les variétés de Vénus s'y rencontrent : Vénus Astarté, Vénus Callipyge, Vénus Anadyomène jusqu'à la Vénus *vulgivaga* et la Vénus hottentote. L'artiste, au lieu de diriger le goût du public vers les grandes choses, semble prendre à tâche de flatter les appétences grossières. Mais, par une sorte de punition providentielle, il manque presque toujours le but. En cherchant à titiller de toutes façons l'aiguillon de la concupiscence charnelle, il ne réussit qu'à produire des œuvres d'une repoussante laideur. Honte et misère ! Je défie quiconque de trouver de l'art dans ces vilenies orthopédiques, tout au plus dignes d'enrichir le musée en cire d'un saltimbanque ou de figurer derrière les vitres malpropres d'un bandagiste de bas étage.

VI

La Fantaisie est une fée dont la baguette d'or métamorphose tout ce qu'elle touche. Indéfinissable et insaisissable, comme la *Titania* de Jean-Paul, elle emporte l'artiste sur les ailes du rêve dans les domaines de l'inconnu. Si l'artiste a un idéal, la fantaisie le réalise et le pare, à ses yeux éblouis, des perles précieuses de l'imagination. Il ne nous en coûte pas de l'avouer : au Salon de cette année, la Fantaisie a le pas sur la Religion, la Fable et l'Histoire. Les meilleurs tableaux de l'Exposition actuelle sont des tableaux de fantaisie. Et parmi ces tableaux, ceux-là priment les autres qui offrent à notre admiration la prière et le travail, le sacrifice et le dévouement, les mystères du monde invisible et les horreurs du crime, l'innocence des premiers âges et les harmonies de la nature : des paysans, des bergers, des alchimistes, des magiciennes, des moines et des pauvres.

A tout seigneur, tout honneur. M. Jules Breton vient d'atteindre l'apogée de son magnifique talent. Il est peut-être le seul peintre de genre qui comprenne la grandeur et la sainteté du travail. On ne sait qu'admirer le plus dans ses *Femmes récol-*

tant des pommes de terre, ou de l'heureuse harmonie des couleurs et de la lumière, ou de l'ensemble si chaudement brossé du dessin, ou de la noblesse des acteurs et de la mise en scène. Les paysannes de M. Breton accusent, dans leur majestueuse résignation, la dignité fière des races agricoles. Courbées vers la terre par la destinée, elles reflètent, à l'instar des antiques sibylles, dans l'ensemble de leur physionomie, le regret inconscient d'un Eden perdu et le pressentiment calme de la nécessité sociale de leurs sacrifices. Les *Vanneuses napolitaines* de M. Reynaud atteignent de très-près cette idéalisation des travaux nourriciers de l'homme. M. Reynaud est un réaliste de bon aloi qui s'ingénie à nous faire aimer l'Italie pauvre et laborieuse. Ne trouvez-vous pas charmante cette petite Calabraise qui, dans un laisser-aller de pudique immodestie bien pardonnable à l'innocence, s'effarouche à la vue du ruisseau que sa grande sœur va franchir en la tenant d'un bras sous les aisselles?

C'est encore un type original et vrai que la *Céline* de madame Henriette Browne. Il y a ici également petite sœur et grande sœur. La petite sœur offre à la grande sœur une pâquerette dont la grande sœur, toute songeuse, n'a pas l'air de trop se soucier? A quoi donc peut-elle penser, se demande la petite sœur? Peinture à la fois virile et gracieuse, qui rappelle par certains côtés les têtes de Greuze. — Beaucoup de vérité dans le tableau de M. Eugène Feyen, intitulé : *Sur un mur*. La paysanne est superbe de naïveté. Le gars qui lui parle, l'est-il autant ? Je ne le crois guère. — Sont mêmement dignes d'éloges : la *Sortie des vêpres*, de M. Eugène Giraud ; les *Lapons gardant leurs troupeaux de rennes*, de M. Bource ; le *Départ des conscrits*, de M. Saal ; les *Deux amis*, de M. Moulinet ; les *Jeunes bretonnes*, de M. Hublin ; la *Lecture de la Bible*, de M. Gustave Brion ; la *Prière en Auvergne*, de M. Berthon, et la *Fileuse arlésienne*, de M. Bouchet. Toutes ces œuvres se recommandent par une entente réelle de la couleur locale et un vrai talent d'observation. M. Bource, par exemple, excelle à peindre les paysans de la Norwége laponienne, et nous initie aux joies naïves de ces bonnes natures. Avec M. Bouchet, nous sommes en plein midi, sur un sol qui garde encore la forte empreinte des deux plus grandes civilisations de l'antiquité. Adossée contre une colonne des Arènes ou des Aliscamps, l'Arlésienne de M. Bouchet file tranquillement sa quenouille. Un enfant nu s'amuse, en se roulant par terre, à arrêter le fuseau de la fileuse. La *Femme Grecque*, du même artiste, si vraie dans sa donnée profonde, est un beau vers de plus à ajouter aux rhapsodies homériques. M.

Berthon se plaît en Auvergne. Il a aussi sa fileuse qui vaut bien l'Arlésienne. Mais nous ne pouvons louer de ses *Paysannes en prière* que l'intention religieuse. Evidemment, en esquissant son œuvre, en dessinant cette croix rustique envahie par la mousse, M. Berthon s'est rappelé ces quatre vers qui feront pardonner beaucoup au poète des *Contemplations* :

Vous qui pleurez, venez à ce Dieu, car il pleure.
Vous qui souffrez, venez à lui, car il guérit.
Vous qui tremblez, venez à lui, car il sourit.
Vous qui passez, venez à lui, car il demeure.

J'ai un faible, je l'avoue, pour les dessins fantastiques. Les sujets fournis par Dante, Shakespeare, Hoffmann, ont toujours captivé mon attention. Il y a, du reste, pour le philosophe qui ne méprise pas le passé et qui s'incline devant les arcanes de l'avenir, de très-curieuses réflexions à faire devant des tableaux comme le *Gibet* de M. Madarasz, la *Vocératrice* de M. Juglar, la *Folie d'Ajax* de M. Lecomte-Dunouy, le *Méphistophélès* de M. Mathey, les *Bohémiennes* de M. Maurin, l'*Œdipe* du marquis de Valori-Rustichelli, la *Devineresse* de M. de Curzon, l'*Alchimiste* de M. Pabst, et le *Ruggieri* de M. Cornet. Un mot sur ces deux dernières toiles. Celle de M. Cornet n'a rien de bien caractéristique. Le moyen, je vous prie, de s'intéresser à une dame, fût-elle la reine de France, qui rend prosaïquement visite à un vieux bourgeois perclus! M. Cornet aurait pu dramatiser la chose en ornant le laboratoire de Ruggieri de tous les bizarres ustensiles dont se servent d'habitude les adeptes du grand-œuvre. C'est ce que n'a pas manqué de faire M. Pabst. Une femme masquée, une souveraine sans doute, demande aux sciences occultes un talisman pour sa conservation ou peut-être du poison pour ses vengeances. Elle tient à la main une statuette de cire, l'image d'une rivale, immanquablement. Sur la table, de grosses épingles sont piquées droites dans une housse noire. Il est clair qu'il s'agit ici de la terrible pratique de l'envoûtement. L'alchimiste offre à la consultante une petite fiole, demi-remplie d'une liqueur mystérieuse. Un grimoire, entr'ouvert, étale dans la pénombre de la table ses figures cabalistiques. M. Pabst a étudié Rembrant et lu les *Clavicules*.

Sa toile néanmoins n'offre pas les brillantes qualités de dessin de la *Sorcière*, de M. Hector Leroux. Par contre, celle-ci nous paraît être en défaut sous le rapport de la couleur locale. La devineresse en plein vent, contemporaine d'Auguste ou de Tibère, comme l'indique son enseige : *Titia venefica, Canidiæ discipula, nummos tenentibus, urbe rurique futura canit*, porte le costume d'une harengère de Palerme; la jeune fille qui l'interroge n'est pas drapée, non plus, ce nous semble, de l'ample costume féminin de cette époque. Si ce défaut n'enlève rien au côté pittoresque de l'œuvre, il n'en diminue pas moins sa valeur intrinsèque. M. Gabriel Martin ne mérite pas le même reproche. Il n'a garde de fouler aux pieds les usages antiques. C'est un vigoureux tableau que sa *Locuste faisant, en présence de Néron, l'essai d'un poison sur un esclave*. L'effet du toxique a été foudroyant; l'esclave gît, les membres tordus et noirâtres, dans l'immobilité de la mort. Néron en est effrayé. L'empoisonneuse triomphe. Un coup de maître que cette toile, inspirée de Tacite ! Elle dénote un grand sentiment de l'art et une notion approfondie de l'histoire.

On désirerait, par exemple, un grain de ces consciencieux scrupules à beaucoup d'excellents artistes qui s'évertuent à peindre des scènes de la vie cénobitique, et qui n'arrivent en fin de compte, bien involontairement, je veux le croire, qu'à rendre les moines ridicules. Cela n'a rien qui doive surprendre. En fait de moines, ils ne connaissent que ceux de l'abbaye de Thélème. Voyez le *Néophyte* de Gustave Doré*!* On dirait une page illustrée de *Gargantua* ou des *Contes drôlatiques*. Ces Chartreux, qui chantent mâtines ont tous des mines patibulaires ; un, celui du premier plan, à la face rubiconde, est quelque peu cousin à la mode de Bretagne de frère Jean des Entommeures ; aucun d'eux ne reflète la sérénité profonde et les pacifiques utilités de l'existence claustrale (1). Ce sont de magnifiques modèles à barbe. Le *Néophyte* lui-même, avec son faux nez de Jocelyn, ne personnifie guère autre chose que les moines socialistes de Georges Sand. M. Gustave Doré n'a pas l'air de se douter qu'il existe une admirable *Vie de saint Bruno*, par un des plus grands maîtres de l'école française, Eustache Lesueur. MM. Gide et Zamacoïs, du moins, s'ils ne font pas aimer le moine, se gardent bien de le ridiculiser. D'instinct, ils comprennent l'héroïsme de ces hommes de dévouement, martyrs d'une idée et préparateurs de la vraie justice sociale. Nous signalerons de M. Gide, la *Dictée au couvent*, et de M. Zamacoïs, le *Réfectoire des*

---

(1) « L'âme du moine est comme l'Eden primi-« tif : *A l'heure de la brise du soir*, dit la Genèse, « *on y entendait la voix du Seigneur et le bruit de* « *ses pas*, tout le reste se taisait. Evidemment « cette âme est le jardin de Dieu, il y fait ses dé-« lices, il l'a choisie en la créant, et pour mar-« quer d'un mot énergique et doux son vrai ca-« ractère, il faut dire qu'elle est originairement « la fiancée de l'infini. » (*Qu'est-ce qu'un moine? Quel est son rôle social?* Par le P. Didon, des Frères-Prêcheurs. Paris, Albanel, 1868).

Trinitaires à Rome. Dans le même ordre d'idées, toutes nos sympathies sont acquises aux *Deux ermites* et à l'*Ermite en prière* de M. Muraton. Anachorète du pinceau, M. Muraton traite avec foi ces sujets austères. Je ne connais guère de tête plus recueillie et en même temps plus expressive que celle de son *Ermite en prière.* Il me rappelle les moines de Zurbaran, le peintre des ascètes de l'Estramadure. M. Muraton a même une qualité que n'a pas Zurbaran. Il ne met point le cénobite en dehors de l'humanité. M. Muraton fait aimer les moines.

Et les pauvres, qui les fait aimer, parmi ces dilettantes que guide la fantaisie dans les descriptions de la souffrance et de la misère? A coup sûr, ce n'est pas M. G. Courbet. Rien de plus faux que son *Mendiant*, dont l'idée pourtant est originale, pour ne pas dire dire attendrissante. Vous prétendez que le réalisme consiste à copier la nature dans toute sa brutalité. Pourquoi donc M. Courbet copie-t-il le mensonge? Est-ce que jamais, même à l'époque de l'incomparable Cosroès, roi de Thune et duc de la Haute-Egypte, il a existé un vagabond de carrefour qui ressemblât au prétendu *Mendiant* d'Ornans? Non, cela n'est pas possible. Cet affreux désossé est entièrement de l'invention de M. Courbet qui se trouve ici en flagrant délit d'imagination. Et cela ne lui a pas réussi. On voit qu'il a voulu consacrer la puissance encore très-personnelle de sa palette (témoin le *Chevreuil chassé aux écoutes*) à faire un de ces épouvantails artificiels que les paysans placent dans les vergers pour mettre en fuite les pierrots et les becfigues. Ah! que je me repose un peu de cette laideur systématique dans la contemplation de la *Petite Mendiante* de M. Brun, ou de l'*Aumône du Soldat* de M. Joseph Pau! Voilà qui est pris vraiment sur nature! Voilà du réel qui n'est pas du hideux! J'applique très-sincèrement le même éloge à ce gracieux bijou de M. Antigna qui a nom : l'*Enfant et son Ombre*. Par un bizarre caprice du peintre, l'ombre de l'enfant reproduit exactement la forme d'un crapaud. Je conçois l'effarement comique de la petite pauvresse. Ce tableau est tout bonnement un chef-d'œuvre.

VII

Il me resterait à dire un mot des portraits avant de passer aux paysages. Franchement, je suis embarrassé. Les portraits abondent, depuis celui de M. Victor Hugo jusqu'à celui de S. M. l'impératrice. Mais c'est précisément cette abondance qui m'inquiète. Aussi bien, qu'en dirai-je? Il en est trois au plus qui sortent de la ligne ordinaire par leur exécution magistrale. Et ces trois, nommons-les d'emblée. Ce sont les portraits de M. Théodore de Banville, par M. Dehodencq, du vice-amiral Jaurès, par M. H. Lehmann, un portrait de jeune fille, par M. Lefebvre. MM. Dehodencq, Lehmann et Lefebvre, ont su éviter l'écueil de ce genre de composition. Leurs portraits sont vivants. Il ne s'agit pas, en effet de reproduire des traits plus ou moins réguliers, des chairs plus ou moins fermes. Qu'est-ce que cela, s'il y manque la vie, le souffle, l'âme, ce quelque chose enfin qui est comme le poinçon divin de la personnalité humaine?

Dans ses *Fragments sur l'Art et la Philosophie* (1), Alfred Tonnellé a écrit ces remarquables paroles :

« Pour le vulgaire, idéaliser c'est embel-
« lir. Ainsi, un portrait idéalisé veut dire
« un portrait flatté, embelli, un portrait
« menteur; et voilà pourquoi on ne peut se
« figurer que l'idéal soit compatible avec la

(1) *Fragments sur l'Art et la Philosophie*, suivis de Notes et pensées diverses recueillies dans les papiers d'Alfred Tonnellé, par G.-A. Heinrich. (Deuxième édition. In-8°, Paris, Ch. Douniol, 1860). C'est le testament artistique, philosophique et littéraire de ce charmant esprit, de la famille des Platon, des Fénelon, des Joubert et des Maurice de Guérin. Disciple du P. Gratry, Alfred Tonnellé, mort à la fleur de l'âge, a mis dans ces

« ressemblance. Mais il en est tout autrement. Idéaliser, c'est tout simplement « mettre une idée, enfermer une idée dans « la forme, faire de l'objet, matière de « l'art, un signe d'idées, lui faire dire quel« que chose, lui ôter sa valeur propre pour « lui en donner une d'expression. Idéaliser « l'objet, ce n'est donc pas l'embellir, mais « le transformer, le faire changer de nature « et de but ; auparavant, il ne représentait « que lui-même ; à présent, il représente « une idée que vous le chargez d'exprimer, « et à ce compte il n'est pas de portrait vé« ritable s'il n'est idéalisé ; car jamais on « ne regarde un visage sans l'animer, sans « l'interpréter. Un portrait doit donner l'idée « du personnage, une vue l'idée du paysage. « Combien de fois dit-on d'un paysage ou « d'un portrait ressemblants, d'une photo« graphie : Et pourtant cela n'en donne pas « l'idée ! Expression instinctivement juste. « Il y a un je ne sais quoi qu'on ne re« trouve pas, et c'est cela que l'artiste doit

---

Fragments toute son âme. Un ouvrage de ce genre, malgré ses imperfections et ses lacunes, s'impose de lui-même à l attention de ceux qui s'occupent d'esthétique. Il y a telle page sur l'origine du langage qui vaut à elle seule les plus brillantes spéculations spiritualistes de certains professeurs à la mode qu'un philosophe de nos amis appelle, avec beaucoup d'à-propos, les défenseurs patentés de la Providence.

« rendre. Il ne doit pas se comporter passivement vis-à-vis de son modèle, s'il veut faire une œuvre d'art. C'est ainsi qu'il doit idéaliser pour donner la vraie, vivante et morale ressemblance.

« La ressemblance véritable, c'est-à-dire l'identité, il ne l'obtiendra jamais, puisqu'il lui faudrait des moyens dont il ne disposera jamais: le soleil, l'air, la lumière, la profondeur, de la chair et du sang véritables. Et tout ce à quoi il arrivera dans ce sens ne sera jamais qu'illusion d'invention; et même s'il pouvait y arriver, à quoi bon? A quoi bon une seconde édition, une copie identique de la nature? Le but de l'art est donc tout autre. »

VIII

Le but de l'art est de spiritualiser la matière. Ce qui ne veut pas dire qu'il doive se passer d'elle. Sous prétexte de manifester l'esprit, il ne faut pas annuler le signe, l'élément sensible. Car ce signe est précisément pour nous, faits de corps et d'âme, le truchement indispensable entre le monde des idées et le monde des formes. Sans matière, dans les conditions actuelles de l'existence humaine, la conception du beau ne serait qu'un être de raison. Faire servir le signe matériel à la glorification de l'esprit, voilà la vraie doctrine.

Le génie seul a le pouvoir d'idéaliser ainsi la matière par l'organisation créatrice. Dieu lui parle à l'oreille dans les symphonies amoureuses des oiseaux du ciel, dans le bruissement des séves printanières, dans le solennel murmure de l'Océan, dans le silence mystérieux des solitudes. Il possède les trois qualités de l'Aweu des Triades galliques : l'œil qui sait voir la nature, le cœur qui la sent et l'aime, l'intelligence qui peut la reproduire.

Combien en est-il, parmi nos paysagistes, qui soient réellement aptes à cette idéalisation, à la fois vivante et vraie, puissante et sobre, de la nature matérielle? *Apparent rari nantes.*

Les uns, véritables plaques photographiques, sans choix comme sans préférence, sans idéal et sans horizon, se bornent à la copie servile d'un site quelconque. Mais ne leur demandez pas de rendre le monde extérieur dans le symbolisme de ses réalités phénoménales, d'exprimer les significations latentes des choses, l'*anima rerum*. Ils ne vous comprendraient point. Un peuplier n'est pour eux qu'un arbre avec un tronc, des rameaux et des feuilles. Braquer froidement leur objectif sur ce végétal, à la bonne heure!

Les autres, plus impuissants encore, se permettent de corriger l'œuvre divine. Miséricorde ! En face des magnificences de la création, ils se composent des sites de fantaisie, des soleils postiches, des lacs de contrebande, des prairies artificielles. Peignez la nature, c'est bien ! mais ne la commentez pas, acceptez le paysage avec ses sublimités effrayantes et ses grandioses laideurs — si l'œuvre de Dieu pouvait jamais être laide. Ecoutez respirer le ciel et la terre ; saisissez au vol les activités de la vie. Surtout, sachez nous émouvoir et nous faire réfléchir. C'est ici que le convenu et le factice ont quelque chose de particulièrement abominable.

Soyons justes pourtant. L'école française actuelle n'est pas si pauvre qu'on le pense en interprètes de la nature. Paul Potter et Ruysdaël salueraient avec plaisir comme des frères ou des émules les Corot, les Daubigny, les Auguste Bonheur, les Appian, les Belly, les Paul Huet, les Jundt, les Guillaumet et autres paysagistes, moins connus peut-être, mais dans les œuvres desquels on sent passer l'effluve immortelle, la présence lumineuse de Celui en qui tout vit, tout se meut, tout respire.

Voici le maître, M. Corot. De ses deux toiles, le *Soir* et un *Matin à Ville-d'Avray*, je préfère de beaucoup la seconde. Que c'est beau ! Les fraîcheurs onctueuses de l'aurore, l'atmosphère argentée aux transparences vivantes, nos brises du nord aux senteurs attiédies, ces demi-brouillards moites et limpides qui frôlent l'herbe des prés, ces fantastiques fils de la Vierge, impalpables enfants de l'air, la petite fleur et le grand arbre, la goutte de rosée qui scintille aux premiers rayons de la lumière matinale... tout y est. On pense involontairement aux séjours élyséens décrits par Fénelon dans son *Télémaque*. L'harmonie picturale de Corot est à peu près monochrome, et néanmoins « nul mieux que lui, dit un critique autorisé, n'excelle à reproduire les purs bocages, les cours d'eau solitaire, les ombres discrètes. » Expert dans l'art de discerner les formes, il en résume les aspects diaphanes. Ses plantes ont une jeunesse éternelle, une suavité virginale, une séve sauvageonne qui remplit les poumons d'émanations vivifiantes. Ses fleurs font leur prière. Positivement, c'est bien là l'expression idéale de la beauté sensible.

D'aucuns aiment mieux Daubigny. Ils lui trouvent plus de force, plus de vigueur, moins de mollesse. Nous ne voyons pas. Le coup de brosse est, en effet, chez Daubigny plus caractérisé, le ton plus nourri; mais on ne remarque point les négligences préconçues, les confusions volontaires de cet artiste qui, de parti-pris, néglige les détails et se contente d'une première impression. Il résulte de ce système que ses arbres, par exemple, ont l'air de n'avoir pas de racines et d'être plantés à terre comme des quilles. Les paysages de Daubigny gagnent à être vus de loin. En ces conditions, le *Lever de la lune* est superbe. L'astre des nuits dilatant l'or mat de son disque dans la brume crépusculaire, apparaît au-dessus de l'horizon. Les choses prennent des teintes fauves. Le monde de la nuit commence à sentir son heure. Le bûcheron lie ses fagots; le bouvier attèle ses bœufs; le pâtre compte ses bêtes. C'est le moment de regagner la ferme. Il y a dans cette toile quelque chose de la majesté profonde de la campagne. Elle est de beaucoup supérieure au *Printemps*, bien que dans ce second paysage l'artiste ait su tirer parti des moindres accessoires, depuis le bleuet sans prétention jusqu'au coquelicot, la fleur républicaine.

Un nouveau venu, qui sera maître un jour, M. Emile Michel, se révèle par deux productions vigoureuses : la *Neige* et la *Chasse sur la falaise*. Il y a de l'air et un remarquable sentiment de la perspective dans les paysages de M. Michel. Son centaure au milieu des hautes herbes se découpe en pleine atmosphère. Notons dans la *Neige* un détail d'une réalité palpitante. Un héron transi, le cou ramassé, rêve au bord d'un étang dont l'onde plombée miroite à ses pieds, pleine de fascinations. Cette œuvre est si vraie que sa vue donne froid. Tout comme le *Temps gris* et les *Bords du Furan en automne*, de M. Appian, vous imprégnent l'âme de tristesse. On croirait entendre le vent se lamenter à travers ces arbres aux troncs rugueux, aux fortes ramures. La feuille se rouille et tombe, pressée, dans des flaques d'eau marécageuse où s'étendent les lèpres végétales d'octobre. Il faut un grand talent pour reproduire d'une façon aussi saisissante les mélancolies de la nature, autant, sans contredit, que pour fixer sur la toile l'horreur des sites sauvages.

M. Thibon, lui, a bravement lutté contre les difficultés de la chose. Est-il un lieu plus terrifiant dans ses escarpements gigantesques, dans ses rainures abruptes que la Comb-Escure du Mont-Tanargue? L'œil a le vertige devant ces abîmes perpendiculaires. Le pied s'ancre instinctivement au sol en face de ces déchirures granitiques. L'oreille se refuse à écouter bouillonner en bas la cascade traîtresse. Ces lieux, selon l'expression d'Edgard Poë, ont l'attirance du gouffre. Il est fâcheux que M. Thibon n'ait pas donné à son paysage plus d'ampleur et n'ait pas embrassé un plus vaste espace. M. Ricois n'est pas tombé dans cette méprise. Les crêtes alpestres des environs de Chamounix demandaient une découpure large et profonde. Le peintre s'est conformé à cette exigence, et a doublé par là même l'effet bizarre de ses *Feux de la Saint-Jean* sur les montagnes savoisiennes.

En matière de paysages pittoresques, nous n'avons que l'embarras du choix. La *Campagne de Rome* de M. Achenbach, le *Nid de goëlands* de M. Ponson, les *Hauteurs du Tréport* de M. Jules André, les *Environs de Naples* de M. Anastasi, les *Aqueducs de Claude* de M. Flachéron, la *Vallée de la Dranse* de M. Giroux, la *Moisson en Suisse* de M. Adolphe Leleux, les *Batteuses de chanvre sous une grotte du Jura* de M. Lemaître, dénotent de prime-abord de précieuses qualités d'observation et une entente très-harmonique de l'emploi combiné des couleurs. Nous avons ici des études prises sur place et non des tableaux gâchés sur commande.

On a beaucoup vanté le *Garde-manger des renardeaux*. Par le fait, la toile de M. Hanoteau a du mérite au point de vue technique. Le chêne, presque aussi grand que nature, et l'effet de lumière à travers les feuilles verdoyantes, offrent une ample matière à l'admiration. Toutefois, ce ne sont là que des tours de force et rien de plus. Comparez-moi ce petit coin de terre aux *Ruines du château de Pierrefonds* de M. Paul Huet, un romantique incorrigible! Vous discernerez, de suite, l'œuvre durable, impressionnante, idéalement féconde. Ne dirait-on pas une page détachée de Walter-Scott, le peintre inimitable de ces antiques et imprenables donjons où les thanes d'Ecosse fixaient leurs nids d'aigles?

Mais, même en laissant de côté le romantisme, il me semble que les *Regains dans la vallée de Munster* de M. Français, le *Bois de Sèvres* de M. de Cock, les *Hêtres* de M. Pelletier, l'*Ondée* de M. Chintreuil, l'*Effet de Neige* de M. Chenu, les *Souvenirs de la Meurthe* de M. Harpignies, le *Crépuscule du soir* de M. Gélibert, les *Bords de l'Hérault* de M. Charles Node, le *Berger et la mer* de M. Auguste Bonheur, la *Roche Maurice* de M. Ivan d'Argent, les *Marguerites* de M. Jundt, la *Forêt* de M. Mac Callum, et la *Soirée d'automne* de M. Rudder, sont des productions, sinon plus achevées, du moins bien autrement originales que ce fameux *Garde-manger des renardeaux*, destiné sans doute à embellir la salle de réception de quelque riche maison bourgeoise. Tenez! je raffole du petit agneau de M. Auguste Bonheur, ce petit agneau couché près de sa mère, qui vous contemple avec des yeux si calmes et si limpides. Il est à croquer. Et ces moutons superbes ne rappellent-ils pas ceux de Berghem? Et ce pâtre donc! Le voyez-vous, respirant cette forte odeur des brises de mer qui vous grisent le cœur, la main appuyée sur la tête d'un magnifique chien de garde, l'âme plongée dans je ne sais quelles intuitions impossibles à décrire ? Qui n'a rencontré, le long des plaines de la Beauce ou des champs de la Crau, de ces êtres énigmatiques, mélancoliquement arcs-boutés des heures entières sur un long bâton de micocoulier sauvage ? — Au moins, nous sommes ici dans la réalité, loin de cette Arcadie fictive, où nous transportent les idyllistes Emile Lévy et Bouguereau dont le pinceau, d'ailleurs si délicat et si chaste, nous redonne chaque année la même pastorale à la Gessner.

Parlez-moi de nos puissants orientalistes : Guillaumet, Théodore Frère, Tournemine, Belly ! Belly, en oriental, signifie l'homme à l'imagination féconde, ainsi qu'il est dit dans les fameuses *Improvisations* de Kourouglou, l'un des poètes les plus populaires de la Perse septentrionale. M. Belly porte bien son nom. Son paysage : *le Soir en Egypte*, vous jette d'emblée dans les Ginnistans féeriques du pays de la lumière. La peinture ardente de M. Belly a quelque chose de la couleur fracassante d'Eugène Delacroix. Je le voudrais maintenant aux prises avec la nature septentrionale. Il y a là, aussi, tout au fond de certaines dentelures basaltiques, des fiords ignorés, des anses paisibles, des lacs au bleu miroir, où des courants venus, dit-on, de l'Océan indien, entretiennent un printemps paradisiaque au milieu de l'horreur des glaces éternelles.

Balzac a dit un mot de ces merveilles dans son mystique roman de *Seraphita-Seraphitus*. Pareillement, pourquoi la palette de M. Belly n'évoquerait-elle pas devant nous une de ces forêts séculaires de la Norwége, uniquement visitées par les splendides clairs de lune des pôles? On sent bien que la vie circule sous ces fourrés, une vie anormale. On s'attend à voir paraître quelque forme étrange, une créature apocalyptique. On s'imagine entendre l'hallali de Carlo-Maria Weber, et l'on se prend involontairement à répéter ce beau vers d'Alfred de Vigny :

Dieu ! que le son du cor est triste au fond des bois !

Mais non. Rien, pas un souffle, pas un murmure, pas une note humaine. Ces forêts-là attendent encore leur peintre et leur poète. Revenons à l'Orient.

Les *Ruines de Palmyre* de M. Théodore Frère sont envisagées à la manière de Chateaubriand. Des débris de colonnes aux noires échancrures; des portiques encore debout où s'appuie l'indolence arabe ; un air translucide et presque sonore où vogue autre chose que des vapeurs flottantes et des gaz chimiques; les feux du soir empourprant ces décombres. On épèle Volney de mémoire : « Le soleil se couchait. A l'horizon lointain des monts de la Syrie... » Vous savez le reste. Mais le chef-d'œuvre du genre, c'est le *Sahara* de M. Guillaumet. Il donne la nostalgie du désert. Rien que le ciel et la plaine se déroulant à perte de vue en ondulations successivement insensibles. Au premier plan, semblable à la carcasse d'un navire échoué sur les grèves, le cadavre d'un dromadaire d'un effet fantastique. Au plan extrême, noyée dans les houles poussiéreuses, la silhouette fuyante d'une caravane. Le coup d'œil est immense. Quelqu'un rappelait, à propos de cette œuvre, la fière strophe d'Abd-el-Kader :

« — Si tu t'étais éveillé au milieu du « Sahara, — si tes pieds avaient foulé ce « tapis de sable parsemé de fleurs sembla- « bles à des perles, — si tu avais admiré « nos plantes, — l'étrange variété de leurs « teintes, — leur grâce; leur parfum déli- « cieux, — tu aurais respiré ce souffle em- « baumé qui double la vie, — car il n'a « pas passé sur l'impureté des villes. »

L'allusion est ingénieuse, mais elle tombe à faux. M. Guillaumet, loin de nous bercer mollement dans les oasis chantées par le Napoléon du désert, nous met brusquement en face de l'immensité morne. C'est le Sahara dans toutes ses désolations.

Il y a entre nous et les harmonies générales de la nature des relations intimes qui, pour être mystérieuses, n'en sont pas moins réelles. M. Penguilly-l'Haridon, dans son *Enfant prodigue*, a parfaitement suivi les lois de ce phénomène cosmique. Haillonneux et maigre, le Prodigue, accroupi sur une borne, au milieu d'un terrain pierreux, réfléchit sur sa misère, la tête dans les mains. A quelques pas de lui son bâton de porcher. Dans l'inclinaison du terrain, à la limite d'une forêt d'yeuses aux feuilles grises, son troupeau, ramassé, fouine. Le paysage est triste, comme s'il était pétrifié par le remords. L'endroit est plein d'amertume. La ligne qui le termine se découpe en une assise de rochers aux configurations bizarres. L'homme et le sol, rien ici ne jure. M. Penguilly-d'Haridon a dignement interprété le récit biblique. Pouvons-nous rendre cette justice à M. Gérome?

Voyons. Quelques critiques ont rangé sa *Jérusalem* parmi les œuvres religieuses. C'est un paysage tout uniment. Sur les pentes crayeuses du calvaire, trois croix dessinent leur ombre qui se tord et se rétrécit devant les approches du crépuscule. Un nombreux défilé de soldats quelconques regagne la Ville-Sainte dont les remparts se profilent au loin dans la brume. A droite, le mont des Oliviers; à gauche les côteaux d'Engadhi. C'est un paysage, vous dis-je? On prétend que l'artiste a voulu donner à sa toile une couleur de religion et décrire le moment où, du haut de l'arbre de supplice, fut prononcé par le divin Rédempteur des hommes l'irrévocable TETEΛEΣTAI. En ce cas, M.

Gérome a ravalé l'Evangile. Il a dépouillé l'histoire sacrée du caractère surnaturel. Sa peinture est belle, précise et ferme. Mais rien de plus. Froide comme un rapport archéologique, elle pousse doctrinalement le grotesque jusqu'au sacrilége. Je vous défie de deviner les trois croix de la Passion dans ces ombres chinoises qui ressemblent à des peaux de chagrin. Le sujet rentrait pourtant dans les données des fortes inspirations. Golgotha en hébreu veut dire : crâne. C'était le lieu des exécutions publiques, la montagne des hautes-œuvres. Il fallait mettre en scène la dernière heure du Christ, le remords des déicides, les ténèbres visibles, les épouvantements des ressuscités, parcourant la vallée de Josaphat, les craquements de la terre, le deuil de la nature, et, dans les lugubres profondeurs du ciel, la Mort vaincue, fuyant à toutes brides sur le cheval pâle dont parle l'Apocalypse. Quel drame !

J'ai eu beaucoup à louer dans cette course à travers les paysages. Je ne m'en plains pas. Les paysages et les tableaux de genre m'ont fait oublier les nullités religieuses, historiques et mythologiques. Sans réaliser l'idéal de l'art dont nous avons formulé les principes, plusieurs toiles appartenant à ces deux catégories témoignent d'un noble et généreux effort vers le but final de toute esthétique. On doit donc me pardonner si, en face de certaines productions ineptes, incomplètes ou mortes, je ne m'épargne pas la cruauté du mot propre. Par exemple, il ne m'est pas possible de m'extasier devant les *Fleurs*, les *Fruits* et de *Bijoux* de M. Blaise Desgoffe : œuvres d'un fini exquis, d'une perfection désespérante, d'une imitation si parfaite que les oiseaux s'y méprendraient, absolument comme en présence des raisins de Zeuxis. Mais cela tire trop l'œil; cette perfection est trop froide et neutralise par là même la sincérité de la touche. Je ne retrouve pas là les énergiques vitalités des productions originales. D'ailleurs l'imitation servile des choses n'est pas et ne peut jamais être le dernier mot de l'art. Sinon les photographes seraient les premiers peintres du monde. Je préfère donc réserver toute mon admiration pour les *Fleurs d'été* de M. Philippe Rousseau, qui vont bientôt, avec le *Cerisier* de M. Méry et les *Centaures* de M. Fromentin, enrichir l'écrin artistique de M. Alexandre Dumas fils. Fleurs charmantes, toutes embaumées des perles de l'aurore ; fleurs vivantes dont on respire les suaves émanations et dont on aime la négligente parure.

Pic de la Mirandole enseignait, au seizième siècle, l'identité de la peinture et de la musique. Sans aller si loin, je crois que nous avons tort de séparer aujourd'hui d'une manière aussi radicale l'harmonie des tons de l'harmonie des sons. Ces choses-là se tiennent et nous semblent être des modifications extérieurement différentes d'un même principe. La gamme a sept notes; l'arc-en-ciel, ce prisme divin de la lumière, a sept couleurs. Trois tons musicaux et une dominante forment un accord. Il faut au moins trois tons polychrômes et une dominante pour faire un paysage passable. Ce qui prouve un rapport latent entre les vibrations sonores et les ondulations lumineuses.

Qui nous dira ce que c'est que la lumière? Réverbération de Dieu sur les choses, la lumière ici-bas ne va jamais sans l'ombre, et de leur contraste jaillit l'expression de la réalité. L'une est l'affirmation. Elle illumine le monde. L'autre est la négation. Elle fait ressortir les splendeurs de la première, à l'aide d'un troisième terme que nous nommons l'espace. La lumière, l'ombre et l'espace obéissent à une loi profonde, dont personne, pas même Adalbert de Chamisso, n'a encore dégagé l'X cabalistique, mais dont l'artiste doit toujours tenir compte, sous peine de ne jamais atteindre à la réalisation de l'idéal entrevu et de consumer ses jours dans les fantasques sollicitudes de l'*Homme qui a perdu son ombre.*

IX

Faut-il proscrire le nu dans l'Art ? Le nu est-il immoral ? Quels sont les rapports du nu avec la Beauté suprême ?

Ce n'est point là, croyez-le bien, un trio de questions oiseuses. Essayons brièvement d'y répondre.

Pour nous, comme pour tous les esthéticiens catholiques, le nœud du problème git tout entier dans le dogme de la chute originelle.

Ontologiquement parlant, le nu en lui-même est chaste. Cela n'offre pas contestation. Adam et Eve étaient nus, dit l'Ecriture, et ils n'en rougissaient pas. Preuve évidente que la nudité n'a par essence rien d'immoral. Comment se fait-il donc qu'elle éveille en nous des pensées impures ? C'est un résultat direct de la désobéissance édénique. La chair fut dégradée. Elle perdit son rayonnement. Elle devint la vile esclave de la concupiscence. Dieu la marqua du scèau de la turpitude. Les paroles de la Genèse sont mémorables : « Alors, dit-elle, « les yeux d'Adam et d'Eve furent ouverts, « et ils connurent qu'ils étaient nus ; et ils « tissèrent des feuilles de figuier, et ils s'en « firent des ceintures. » De ce jour là, le nu fut pour l'homme matière à scandale. Par ordre même de la divinité, l'homme s'habilla. Il n'est donc pas permis à l'artiste (en dehors de ses études) d'arracher le voile qui couvre la nudité humaine, parce qu'alors ce n'est plus le nu antique, le nu chaste qui apparaît, mais le déshabillé, toujours équivoque et profondément obscène. Ne confondons pas.

On a beau prétendre que les nudités de la forme, filles d'une inspiration virile, types du beau dans son idéal, acquièrent parfois sous la main du génie comme « une sorte de manteau virginal qui éloigne les pensées boiteuses et calme les transports de l'imagination. » Cela devrait être. Malheureusement ces cas sont si rares qu'on ne peut logiquement les formuler en règle générale. Même dans les quelques sujets où le nu est de rigueur, l'artiste, quoi qu'il fasse, donne toujours involontairement prise aux idées concupiscentielles. Donc, sans proscrire tout à fait le nu, nous croyons que, pour le plus grand intérêt de l'art et de la morale, on ne doit en user que très-sobrement, dans les matières seules où il est exigé par la tradition et la couleur locale (1), toujours avec une intention pure-

(1) Les sujets où le nu est de rigueur sont presque tous des sujets bibliques. Ainsi, dans la Créa-

ment esthétique et jamais comme appel aux sens ni comme provocation à la débauche.

Ceux-là, du reste, qui s'imaginent que la sculpture ne peut vivre que par le nu, qui se font une arme du nu contre l'art catholique, qui déclarent que le voile, le vêtement, la draperie, sont une marque de l'aliénation du goût et un symptôme infaillible de la dépravation des mœurs, ceux-là, si grands esthéticiens soient-ils, comme MM.

---

tion d'Eve, la Tentation, le Péché originel, et les autres scènes de la vie paradisiaque, il est évident que la première femme doit être représentée sans voile et ne saurait être représentée différemment au point de vue de la fidélité historique. Mais ceci est tout à fait exceptionnel. D'ailleurs, c'est une grave méprise de croire que la Beauté parfaite exige la nudité. Le vêtement (j'entends par vêtement la draperie et non ces ignobles costumes modernes qui sont l'antipode de la véritable parure), le vêtement est un élément harmonique du Beau, le temple même du corps humain, l'auréole de la pudeur. Voyez la femme, ce chef-d'œuvre de Dieu, cette splendide création que l'artiste ne devrait jamais reproduire qu'avec le tremblement du respect et des mains innocentes! Est-ce qu'elle n'est pas plus belle, plus noble, plus imposante, dans la gracieuse simplicité de ses draperies rayonnantes que dans la pose nue des hétaïres? Il n'y a que l'enfant, chez lequel la nudité ne soit pas un embarras moral. C'est que — et ceci rentre dans la thèse — l'enfant n'a pas péché, l'enfant ignore la concupiscence charnelle, l'enfant est l'image de l'homme dans son état primitif, l'état d'innocence.

Taine et Beulé, par exemple, s'enfoncent sciemment dans les ténèbres d'une théorie contraire aux plus vulgaires données de l'histoire. Ecoutons un homme qui a longtemps et profondément étudié ces questions.

« Les Grecs, dit M. Laverdant, dans son « éloquent *Appel aux Artistes* (1), les Grecs, « jusqu'à la fin du règne de Phidias, ne « comprenaient pas la Beauté parfaite sans « voile, et le premier statuaire qui plaça « dans un sanctuaire une déesse nue, parut « avoir commis un sacrilége. Le savant histo- « rien, Ottfried Muller, affirme que les figu- « res nues, *même en sculpture*, sont le signe « de la décadence. Vénus elle-même n'ap- « paraît sans vêtements que lorsqu'elle est « devenue la déesse des courtisanes, la dé- « baucheuse de l'Olympe et de la terre, « la beauté vulgaire que Socrate dédaignait, « et Socrate n'était ni prude ni puritain. M. « Maury (dans son travail sur les *Religions* « *antiques*) fait remarquer que la Vénus « primitive, Céleste ou même Génitrice, est « toujours représentée vêtue : c'est à elle « que Pindare fait offrir par les Grâces les « plus riches parures. Praxitèle, lé premier, « pour avoir trop vécu parmi les courtisa- « nes, recevant d'elles, au dire de Muller, « le caractère moral perverti de la déesse, « osa représenter Aphrodite entièrement

(1) Paris, in-8. Hetzel et Douniol. 1864.

« nue, au grand scandale des païens eux-« mêmes. Après lui, l'Art, se dégradant « avec l'âme des Grecs dégradés, les Impu-« diques sans voile et sans vergogne furent « partout montrées aux yeux sans goût et « sans pudeur, chez les peuples asservis à « Alexandre et aux Césars, absolument « comme on nous les expose aujourd'hui « dans la France très-chrétienne du dix-« neuvième siècle. »

Ajoutons que cet engouement pour le nu nous vient directement de la Renaissance, en passant par les byzantineries de la Régence et du règne de Louis XV. Continuateurs de l'école Pompadour, nos néo-païens matérialisent l'art qui aurait le plus grand besoin d'être idéalisé, la sculpture. Ils cherchent, non le côté moral, mais le côté voluptueux des choses, ne s'apercevant pas qu'ils prostituent par là même leur talent à des œuvres éphémères.

Et par le fait, rien de durable ne peut sortir de cette imitation gréco-païenne. L'art grec (je recommande ceci aux ennemis du christianisme) manque de la chose essentielle. Il n'est pas humain. Négatif et trop calme, concentrant son idéal dans les sens et le fini, l'art grec ne peut aller au delà des formes. Chose curieuse ! La Beauté chez lui a tué la vie. Jamais la statuaire grecque n'exprimera les cruciations de la douleur, l'ardeur âpre et dévorante des passions. La douleur et les passions troubleraient l'harmonie des lignes. Aussi, les suppliciés eux-mêmes sont représentés par les Grecs dans une sérénité menteuse qui n'ira jamais de pair avec les tortures de la souffrance. Le christianisme seul a humanisé l'art. Il a changé les conditions extérieures de la Beauté. Et lui, que des ignorants accusent d'étouffer la nature, n'a d'autre idéal que la réconciliation complète de l'esprit avec la matière transformée et dépouillée de ses instincts inavouables. Loin d'étouffer la nature, il l'exalte, il l'épure, afin de la marier à Dieu, foyer central de tout progrès, de tout bonheur et de toute lumière.

L'art chrétien a triomphé, cette année, à l'Exposition de sculpture, dans la personne de M. Falguière. M. Falguière a obtenu la grande médaille d'honneur. Et c'est justice. Son *Tharcisus*, et non *Tircinus*, ainsi que le porte à tort l'indication du livret, a le privilége de captiver longtemps l'attention de la foule. Le sujet a été pris dans le Martyrologe. Tharcisus, jeune lévite, aima mieux mourir sous les coups des païens que de leur livrer les saintes espèces. L'artiste l'a représenté, couché sur le sol, se soulevant à peine et pressant avec amour le corps du Christ contre sa poitrine. Conception profonde, réalisée avec une délicatesse admirable. Les mains sont très-études. Le visage exprime à la fois la douleur, la résignation et l'espérance. L'exécution est d'une simplicité lumineuse. Mérite rare, aujourd'hui que la mignardise domine sur toute la ligne et que le regrettable Jean du Seigneur, un des plus puissants statuaires de notre époque, passe aux yeux de beaucoup de gens pour un abominable barbare !

C'est pareillement un excellent groupe, plein de noblesse et de grâce, que la *Vierge et l'Enfant Jésus*, de M. Oudiné. Le ciseau de M. Oudiné, comme celui de M. Bullier, l'auteur d'un *Saint Augustin* supérieurement travaillé, manque un peu d'énergie toutefois. Il ne faut pas craindre, même dans la sculpture religieuse, de chercher la vie, de fouiller les chairs, d'animer le regard. Prenez exemple sur ce réaliste audacieux que j'appellerai le Courbet de la statuaire, M. Salari. Son *Nègre endormi* se vautre par terre étendu sur le ventre. Tout repousse dans cette œuvre où le dédain du fini se montre systématique, et néanmoins on demeure frappé. Pourquoi ? Ce nègre est hideux, mais il est vivant.

Les sculpteurs se séquestrent trop en eux-mêmes. Ne pourraient-ils donc pas allier à l'excessive pureté des formes la puissance immortelle de la vie et la profondeur symbolique des idées ? Nous en aurions alors bientôt fini avec ces expositions, d'une médiocrité manifeste, dépourvues d'originalité de conception, se distinguant uniquement par une grande habileté de ciseau, une gracieuse délicatesse de facture, mais par cela même offrant une exhibition uniforme dont la vue monotone provoque les bâillements involontaires.

Nous avons pourtant remarqué quelques œuvres, à peu de chose près, dignes de Puget et de Germain Pilon. Ainsi : le *Démocrite méditant sur le siége de l'âme*, de M. Delhomme, production de grand style, d'un aspect sévère, d'un sentiment vrai et d'une exécution parfaite ; la *Sœur Marthe*, de M. Franceschi, si émouvante et si sincère ; la *Cruche cassée*, de M. Carlier, qui vient de prouver que la draperie, nous l'avons dit plus haut, illumine les formes humaines comme d'un soleil de gloire ; la *Fauna*, de M. Doriot ; le *Caïn*, de M. Claudet ; le magnifique *Chien terrier*, de M. le vicomte du Passage ; enfin le *Tircis et les Poissons*, de M. Bardey. De tous les sujets mythologiques que nous offre la Sculpture de cette année, le *Tircis* de M. Bardey est assurément un des mieux réussis. Tircis, un pipeau d'une main, gracieusement penché sur les bords du fleuve, la figure un peu narquoise, charme de sa voix traîtresse les poissons qui l'écoutent. Il leur redit le nom d'Annette. Il voudrait l'apprendre sans doute à la nature entière. Mais les poissons ne bougent pas. On s'en aperçoit au geste désappointé de Tircis. Nous faisons grâce à la charmante mièvrerie de cette œuvre, à cause du bon La Fontaine.

Parmi les groupes en bronze ou en marbre, cinq ou six au plus sortent de l'ordinaire. Nommons : l'*Esprit et la chair*, de M. Chatrousse ; les *Loisirs de la paix*, de M. Bartholdy ; l'*Oracle*, de M. Emile Hébert, et *la Création*, de M. Voltat. Quant aux bustes et aux médaillons, il en est d'excellents, tout à fait hors ligne, par exemple, les portraits de ce grand républicain, honnête homme, *Abraham Lincoln*, par M. Vasselot ; de notre illustre orateur, *M. Berryer*, par M. Etex ; de *M. Alexandre Dumas fils*, par M. Etienne Leroux ; d'*Adam Mickiewitz*, par M. Préault. Ces deux derniers portraits sont des œuvres supérieures.

L'artiste a très-bien rendu l'expression de l'intelligence dans les linéaments de la physionomie et dans la direction de l'œil qui regarde sous le choc de l'impulsion intérieure. La tête de l'écrivain français est calme et sereine comme celle d'un puissant observateur. La tête du poète polonais est inquiète et tourmentée comme celle d'un martyr en qui se concentrerait l'âme de toute une nation. Je ne vois de comparable à ces deux œuvres qu'un portrait-médaillon de *Beethoven*, par Mme Astoud-Trolley. C'est bien là le visage âpre et rude, le front sillonné d'éclairs, le regard profond de ce sourd sublime qui, dans les illuminations mystiques du rêve, devinait, Hégel de l'harmonie, ces lois éternelles et rhytmiques. de la symphonie des sphères dont un écho parvint autrefois à l'oreille de Pythagore.

La sculpture à grandes proportions n'offre, cette année, en dehors du *Masséna*, de M. Carrier-Belleuse, rien de bien saillant. Cela n'a pas de quoi surprendre. Les anciens possédaient à merveille la science de la perspective. Ainsi, Phidias donna, sans violer en rien les lois esthétiques, cinquante centimètres de longueur au petit doigt de la main de son *Jupiter-Olympien*. Jugez du reste. Et cependant, c'était le chef-d'œuvre de l'art antique, tant fut bien combinée pour la vue la symétrie des lignes! Cette science est perdue pour nous. Seuls, dans les temps modernes, les maîtres mosaïstes du seizième siècle et Michel-Ange paraissent en avoir retrouvé le secret. Il suffit de visiter Saint-Pierre de Rome.

La science de la perspective fait également défaut à nos architectes. Aussi, contemplez nos monuments. On dirait des bicoques. Tout est rabougri, rapetissé, guillotiné sous le niveau de la sempiternelle ligne droite. Quelles misères, comparées à ces vastes poèmes en pierre où revit toute une époque! Autrefois, l'architecture était un tableau, un verbe, une parole cosmogonique. L'église gothique, dont la forme ogivale figurait l'amour, l'infini, la lumière, tandis que sa forme pyramidale, emblème des dogmes ternaires, symbolisait la prière portée vers le ciel, s'élevait à côté du donjon dont la masse noire, obtuse et souvent quadrangulaire apparaissait comme le spectre du fini, de la force matérielle, du despotisme. Aujourd'hui, que sont nos temples ? Des docks de la prière. « Edifices « bizarres, s'écrie avec raison le P. Félix, « qui représentent tout ce qu'on veut, « hormis l'idée chrétienne (1). » Ne parlons pas de nos palais; ils font vergogne.

Si, comme le dit François Delsarte, l'Art est l'application du signe à la chose signifiée, nous ne sommes pas encore parvenu à deviner les significations de l'architecture contemporaine. Elle devrait être pourtant ce qu'elle fut dans les temps antiques, l'histoire hiéroglyphique de la nation. Serait-ce cette incompréhensible léthargie du plus grandiose de tous les arts qui motiverait l'indifférence du public pour les travaux annuellement exposés dans les salles réservées à l'architecture ? Je l'ignore, mais il paraît que le silence le plus complet règne plus que jamais le long de ces

(1) *L'art devant le Christianisme*. Paris, in-12. Albanel, 1867.

vastes corridors où pendent les devis et les plans de tant de monuments anciens et modernes. « Ces jours derniers, dit « un spirituel écrivain de la *Revue des* « *Deux Mondes*, un solitaire qui arpentait « ces grandes salles vit tout à coup appa- « raître un visiteur. Dans le premier mou- « vement de sa surprise et de sa reconnais- « sance, il ouvrit les bras et s'écria : Enfin, « Monsieur, je rencontre un homme du « monde qui s'intéresse à nos travaux. Le « nouveau venu répondit : Vous vous « trompez, Monsieur, je suis du bâtiment. « Ce n'est pas votre exposition que je viens « voir, c'est la mienne. Le même fait se « reproduit un jour sur trois. »

Cette indifférence universelle nous semble toutefois passablement injuste; car il y a, là aussi, des œuvres fort dignes d'étude. Par exemple, est-il rien de plus splendide, de plus frappant et de plus vrai que le plan des *Arènes* de Nîmes, par M. Simil? Sans le secours du pinceau et de la couleur, avec le compas et l'équerre seulement, M. Simil, élève distingué de l'Ecole des Beaux-Arts, ressuscite à nos yeux dans toute sa majesté romaine cet antique amphithéâtre, témoin encore solide d'une civilisation éteinte. Les gradins, le cirque, la place des vestales, le trône de César, jusqu'aux voiles de pourpre flottant bruyamment sous le coup de fouet des brises méditerranéennes, rien n'est oublié. M. Simil a le culte de la vérité et de l'exactitude.

Je ne sais pourquoi le jury de l'Exposition relègue dans des salles introuvables (ceci pourrait bien être une des causes de leur délaissement) les travaux d'art qui ressortent de l'architecture, de la gravure, de la miniature, de la photographie et même du dessin. Vrai! les eaux-fortes de MM. Léopold Flameng, Félix Bracquemond, Verdeil, Célestin Nanteuil; les dessins de MM. Paul Balze, Frelon, Bida, Girardon, Louis Janmot; les aquarelles de MM. Lamy, Soulacroix(1), Vibert, Tissot, Yriarte, méritent bien néanmoins autant et mieux que maintes croûtes du Salon d'honneur de recevoir la visite des esprits désintéressés et indépendants qui n'aiment pas à voir parquer aristocratiquement les démocratiques manifestations de la pensée humaine. Un autre reproche encore. Sous l'empire inexorable de quelle routine s'obstine-t-on à percher certaines productions fort intéressantes à des

(1) M. Soulacroix, élève de Ramey et de Cornélius, est un artiste catholique du plus grand avenir. On lui doit les peintures à fresque de Notre-Dame de Boulogne-sur-Mer. Ces fresques reproduisent différentes scènes de la Vie de la sainte Vierge. La scène de la *Visitation*, dont M. Soulacroix a exposé le dessin, se rapproche, par la majesté, des sublimités de l'école Michelangesque.

hauteurs démesurées où l'observateur à l'œil de lynx peut seul arriver à pouvoir formuler sur ces productions un jugement artistique? Tel tableau, comme la délicieuse fantaisie de M. Alexandre Roche, les *Soins maternels*; tel paysage, comme le *Moulin dans une gorge basaltique de l'Ardèche*, de M. Mallet; tel portrait, comme celui d'*Ingres*, de M. Haro, ont perdu, par suite de cet éloignement systématique, non leur mérite intrinsèque, mais le bénéfice de la première bonne impression.

Je n'en finirais pas, et j'en dirais trop. Il est temps de conclure.

X

Rien n'est isolé, tout se tient, tout s'enchaîne dans l'ordre cosmique. Le monde physique et le monde moral ont entre eux des rapports essentiels que l'on ne brise pas impunément, des analogies profondes qu'il ne faut pas méconnaître. Un désordre quelconque, librement produit par la volonté de l'homme dans les domaines de la nature spirituelle, a toujours un écho plus ou moins funeste, un prolongement plus ou moins délétère dans les lois de la nature matérielle. Réciproquement, toute atteinte portée par la créature intelligente aux équilibres de la matière a nécessairement, quoique parfois d'une manière latente, son contre-coup malheureux dans les diverses manifestations de l'économie intellectuelle.

Fondé sur un principe réel et vrai, parce qu'il procède du monde des causes, qu'il se rattache aux forces extérieures de la nature et qu'il affecte les forces vitales de l'homme, l'Art n'échappe point à cette prédestination providentielle. Ainsi, que la corruption des mœurs viole les lois éternelles du Bien dans l'ordre moral, que la corruption de l'esprit viole les lois immuables du Vrai dans l'ordre intellectuel, les corruptions du goût arriveront fatalement à violer les lois fondamentales du Beau dans l'ordre artistique. Sans boussole directrice, le génie lui-même cédera insensiblement aux entraînements du caprice. L'art flattera et caressera les mœurs sociales, au lieu de les diriger ; il descendra au rang de laquais; il se constituera cyniquement le valet de M. Tout-le-Monde ; il se montrera l'humble esclave de la mode et de la convention ; il ne visera qu'à plaire à la foule, et mendiant dans des abaissements indignes de sa majesté, le succès et le triomphe, il sacrifiera sur l'autel de cette insipide déesse qu'on nomme la Banalité le parfum virginal de ses meilleures inspirations. Alors, toute esthétique étant niée, toute règle morale méconnue, surgissent ces artistes ignorants et systématiques qui croient faire preuve d'originalité : les uns, par l'incorrection du dessin et l'incohérence heurtée de la couleur ; les autres par l'absence de toute idée dans la conception ; ceux-ci, par la recherche puérile des formes usées du passé ; ceux-là, par l'imitation inhabile et quintessenciée de la nature matérielle ; plusieurs enfin par la reproduction froide et morte de la physionomie humaine.

De là ces dégradations volontaires, ces immoralités calculées, ces confusions déplorables dont l'esthétique contemporaine est la triste victime. Comment pourrait-il en être autrement ? Il ressort de l'ensemble de nos études que, à quelques exceptions près, nous avons des ouvriers habiles et pas de maîtres ; que l'art n'est plus un but, mais un moyen ; que le génie lui-même, pour secouer le marasme qui l'étouffe, doit s'attarder dans les chemins de traverse et suivre les stupides engouements de deux ou trois écoles rivales. A ce prix, le succès et la faveur du public : succès facile, faveur éphémère.

Autre aberration. Les artistes ont perdu le sentiment de l'unité. Mettez-les sur le terrain des principes ; ils vous répondent technologie, procédés, chics, pâte, éponges, je ne sais quoi. Et pourtant, qu'on ne l'oublie pas, toute œuvre, pour être complète, durable, digne de la postérité, doit (implicitement ou explicitement) résumer en elle le trois idées primordiales du Beau, du Vrai et du Bien sans lesquelles l'Art n'est pas.

Au surplus, ces trois idées ne vont jamais l'une sans l'autre. Leur concaténation mutuelle est absolue, rigoureuse, hypostatique. Elles s'engendrent réciproquement. Harmonie profonde que Lamennais a parfaitement définie dans cette formule : « Le Beau, divin reflet du Vrai, est une fleur dont le Bien est le fruit. » Séparer le Beau du Bien et du Vrai, c'est porter atteinte à l'unité de l'Art ; c'est se vouer de gaieté de cœur à l'impuissance, au faire technique et par là même, à la médiocrité.

J'ai dit que ces trois idées typiques n'allaient jamais l'une sans l'autre.

Un exemple : Je me suppose un homme dont le cœur n'a pas encore été desséché par l'implacable expérience, dont l'esprit s'ouvre aisément à l'enthousiasme, dont l'imagination vibre à tous les souffles artistiques. Pour la première fois, il m'est donné de voir la *Résurrection de Lazare*, de Rembrandt, la *Transfiguration*, de Raphaël, le *Moïse*, de Michel-Ange, la *Cathédrale de Cologne* ; pour la première fois, il m'est donné d'entendre le *Requiem* de Mozart ou l'*Oratorio* de Beethoven. Incontestablement voilà des œuvres supérieures ; elles portent toutes le sceau ineffaçable. « Que c'est beau ! » m'écrierai-je instinctivement, de prime abord, sans réflexion. Ce sera là le jet spontané de l'âme, traduisant par une exclamation libre l'admiration qui la subjugue. Toute l'âme est dans ce cri. C'est l'idée du Beau s'affirmant d'elle-même.

Je m'arrête devant le chef-d'œuvre, j'écoute, je contemple, je médite, j'analyse l'objet de mon admiration, et je vois que sa beauté provient du choix, de l'élection, de l'ordonnance des types rêvés ou saisis, de la régularité des formes, des symétries de l'ensemble, de la convenance des parties, de la distribution des termes ou des images, de la magie des couleurs, des magnificences métaphysiques de l'expression; en un mot, je vois qu'il y a équation entre les lignes, les couleurs, les tons ou les sons et cet Idéal supérieur de perfection physique, intellectuelle et morale dont chaque homme a ici-bas, d'une manière plus ou moins nette, la divine intussusception. Immédiatement, l'idée du Vrai germe et se dessine d'une façon catégorique aux yeux de ma raison. De l'idée du Beau et de l'idée du Vrai, comme la conclusion d'un syllogisme découle de ses prémisses, résulte inéluctablement l'idée du Bien, l'idée de la Loi dont la préfiguration esthétique fait naître en moi un bon désir, un noble élan, une impulsion généreuse.

Toute œuvre d'art, inspirée par un principe avouable et réalisée par le génie, se trouve donc être (que l'artiste en ait ou non la conscience) une résultante extériorisée des Forces divines, un rayon coéternel de la Flamme éternelle (1), une affirmation lumineuse du Ternaire mystique dont le Vrai est la synthèse absolue, une manifestation sensible de cet ineffable Tétragramme qu'entrevit dans son voyage au ciel l'âme audacieuse de Dante Alighieri.

Est-ce à dire pour cela que nous condamnions les artistes à la vie correcte, régulière, monacale de l'homme qui a charge d'âmes? Doivent-ils, ces initiateurs du genre humain, gravir les hauteurs de l'idéal en suivant la ligne droite, à l'instar des géomètres? Pas le moins du monde. Pourvu que les excentricités ne violent pas l'ordre, il est bon, selon moi, que la vie des artistes soit comme la foudre, bizarre, accidentée, un peu vagabonde. C'est là ce qui constitue leur originalité. La froide raison étoufferait chez eux l'imagination. L'intuition fait toute leur grandeur. Ils sont l'amour; ils sont la liberté; ils sont la concentration magnétique de toutes les passions humaines. Laissez-les donc escalader zigzag la Montagne Sainte, chuter même

(1) *Of the eternal coeternal beam.* Milton, dans le *Paradis perdu.*

sur la Voie douloureuse. L'essentiel est qu'ils ne perdent pas de vue l'Etoile des Mages.

O artistes, ayez surtout la foi en Dieu et le respect de la femme. L'avilissement de la femme est un signe de décrépitude. Avant de faire de votre palette une cible ou un drapeau, travaillez, étudiez, comparez; préparez-vous dans le silence aux luttes inexorables; quittez les tumultes de la foule; écoutez la parole des éléments. Pareils à l'albatros qui vole dans la lumière, pénétrez, calmes et recueillis, dans le sanctuaire des Archétypes. Heureux celui de vous qui aura su ravir le rameau d'or du lucus mystérieux et entrera, ainsi cuirassé, dans l'arène, opposant à l'hermaphrodisme des systèmes la force intacte de sa mâle individualité, nourrie de saintes croyances et fortifiée par l'amour de la justice! Heureux celui-là! il pourra sonder les abîmes. Pour lui, les forces muettes de la nature parleront; il entendra leurs voix symboliques. La gloire le couronnera d'auréoles immortelles, et ses œuvres passeront sur le monde, bénies et saluées, comme des brises rafraîchisssantes et salutaires.

FIN.

www.ingramcontent.com/pod-product-compliance
Ingram Content Group UK Ltd.
Pitfield, Milton Keynes, MK11 3LW, UK
UKHW031928260826
14628UKWH00003B/1486

9 782019 680671